Michel Théron

Fictions III

Polyphonies bibliques

© Michel Théron, 2022
Édition : BoD – Books on Demand, info@bod.fr
Impression : BoD – Books on Demand, In de Tarpen 42,
Norderstedt (Allemagne)
Impression à la demande

ISBN : 978-2-3224-6136-3

Dépôt légal : décembre 2022

Avant-propos

La Bible est un texte essentiel pour connaître notre culture, et se refuser à la lire, par exemple pour obéir à une laïcité mal comprise, est un signe d'étroitesse d'esprit qui ne peut que précipiter la déculturation contemporaine.

De ce point de vue, le présent livre peut être une petite initiation au contenu de la Bible, formulée de façon vivante et instructive à la fois.

La présentation fictionnelle, sous forme de petit roman par lettres, est propre à y concourir.

*

Pour le fond, je considère avec bien d'autres que la Bible n'est pas le livre de Dieu, mais celui d'hommes parlant de Dieu. Et ce n'est pas un livre (le Livre, comme on dit), mais un ensemble de livres, une Bibliothèque. D'ailleurs le mot lui-même l'indique : par le latin ecclésiastique *biblia*, il vient du grec *biblia* « livres saints », qui lui-même est le pluriel de *biblion* « livre ». Ces livres, donc, sont très différents les uns des autres, et comprennent des considérations, autorisent des attitudes de vie très diverses, et même parfois totalement opposées les unes aux autres.

Il m'est donc venu le désir d'incarner ces différentes postures en des personnages différents, échangeant leurs idées sous forme de lettres, et dont le caractère et les options se découvriraient tout au long de la lecture. J'ai alors créé ce petit roman épistolaire, pour mieux faire voir la polyphonie de la

Bible, et qu'il est très dangereux de brandir cet ouvrage, si divers et contradictoire, qui contient tout et donne des exemples de tout, comme une arme monolithique pour pourfendre ses adversaires : c'est le propre de tous les intégrismes, quels qu'ils soient, qui ne mettent jamais en doute l'unité du message biblique et son infaillibilité (son *inerrance*). Dire : « La Bible dit que... », c'est oublier qu'elle peut dire tout autre chose ailleurs !

Saisir cette diversité sera le fruit de la lecture de ce livre, et l'idée de polyphonie biblique, la conclusion à laquelle le lecteur aboutira. On voudra peut-être passer de cette idée de polyphonie à celle d'une symphonie. Ce serait le propre d'une vision croyante, à l'écart de laquelle je me tiens. Je ne parlerai pas non plus d'une cacophonie, ce qui serait peu obligeant. Il me suffit, parmi les différentes idées et attitudes qu'il verra incarnées, que le lecteur puisse choisir celle qu'il voudra, en fonction de son propre tropisme et de son propre tempérament : mais aussi il connaîtra les autres, et sera amené ainsi à la tolérance. Comme dit le texte lui-même : *« Il y a beaucoup de demeures dans la maison du Père. »*[1*]

L'avantage des lettres, c'est que la lecture en est plus vivante que celle d'un exposé didactique et professoral. La conclusion à tirer de l'ensemble n'est pas assénée de façon péremptoire par une voix unique. Il faut la dégager de tous ces dialogues et échanges, par réflexion personnelle. Mais au moins y est-on plus libre, et peut-on avoir plus de satisfac-

---

[*] Les références figurent en fin d'ouvrage.

tion, si on se donne la peine de réfléchir soi-même, que si on l'absorbe passivement toute prête.

Pour éviter que mes personnages ne soient que des porte-paroles d'idées abstraites, et non des êtres de chair et de sang, j'ai créé une petite intrigue pour les faire vivre, que le lecteur découvrira progressivement en avançant dans l'ouvrage.

On constatera que mes personnages s'expriment très souvent au moyen de citations : elles renvoient chaque fois à un passage biblique que j'ai choisi de façon qu'il soit significatif. Car je sais bien le danger qu'il peut y avoir à couper une citation de son contexte : on peut lui faire dire ce qu'on veut, ou n'importe quoi. Aussi ai-je bien pris soin que chaque citation résume en elle-même un important courant de pensée présent dans le texte biblique.

Je mets donc ici mes pas dans ceux de ses rédacteurs, qui d'ailleurs aussi écrivent très souvent eux-mêmes en citant des textes antérieurs, reformulés par midrash ou palimpseste. Je dialogue avec ces textes, tout comme mes personnages dialoguent entre eux. Puisse le lecteur, à son tour, dialoguer avec lui-même, ce qui est toujours s'enrichir !

M.T. – décembre 2022

Lettre 1

Antoine à Luc

Cher Luc,

tu m'as trouvé l'autre jour bien sombre, et il ne faut pas m'en vouloir si j'ai éludé tes questions. Ce n'est pas mauvaise volonté, mais mauvais moral. J'admire ta sérénité ordinaire : elle n'est pas mon lot. Il me semble qu'aujourd'hui plus rien ne va, comme on dit. Rien n'est à sa place. Mes enfants par exemple, ils me tuent à force d'ingratitude. Pourtant, il me semble, je les avais aimés, choyés même. Voici qu'ils me tournent le dos. Et quand je regarde autour de moi, je vois la même chose. Combien de parents tremblent devant leur progéniture ! Ils n'osent les reprendre, de peur qu'ils ne s'en aillent en claquant la porte. Eh bien, qu'ils le fassent, pourquoi les retenir ? Tu as bien de la chance, toi, de ne pas en avoir. Maintenant on ne sait plus où on est, où on en est. C'était prédit, d'ailleurs, dans ce Livre même que tu fréquentes et connais bien : *Les enfants se soulèveront contre leurs parents et les feront mourir*...[2]

Comment peut-on les aimer, s'y sentir bien, les temps que nous traversons ? Il y a eu sûrement autrefois un monde en ordre, mais aujourd'hui il est sorti de ses gonds. Tout s'affronte et se contredit. Les places sont déniées, les normes, piétinées, l'anarchie règne. Un tel triomphe sans mérite aucun, et le sort s'acharne sur le vaincu : il pleut toujours dans les flaques d'eau. Les choses, je le vois bien, ne sont pas où elles devraient être, il faut bien le comprendre : c'est assurément la fin d'un monde. Ne voyons-nous pas *l'abomination de la désolation établie là où elle ne doit pas être* ?[3]

Vois : l'élève commande au maître, l'ignorant au savant, le fou au sage, le bateleur, au philosophe. Rien ne s'approfondit, partout règne la légèreté, et en plus la prétention. C'est une gigantesque imposture. Y a-t-il déjà eu, dans l'histoire, une détresse semblable ? Vraiment, nous ne l'avons pas méritée : je la crois *telle qu'il n'y en a pas eu jusqu'à maintenant de semblable depuis le commencement du monde*[4].

Tout s'est cassé. Ce à quoi j'ai cru, ce que j'espérais et me représentais digne d'être. En quoi placer maintenant notre attente ? *Obscurci, le soleil ; pâlie, la lune ; tombées du ciel, les étoiles...*[5] Réponds-moi, mon ami ! À moins d'un grand coup de balai… Qui va détruire tout cela ? Quel Juge peut-il encore venir, comme le croyaient naïvement nos ancêtres, *sur les nuées du ciel avec beaucoup de puissance et de gloire, envoyant ses anges pour rassembler ses élus des quatre vents* ?[6] Heureux temps, où on y croyait ! Mais nous n'avons plus que la peur, et la tristesse du deuil.

Mélancoliquement.

Antoine

Lettre 2

Luc à Antoine

Cher courroucé,

je comprends ta peine, mais je ne peux l'approuver. Je ne sais qui a dit (il me semble que c'est Talleyrand) que ce qui est excessif est insignifiant. Je conviens qu'il y a beaucoup de choses qui ne vont pas, comme tu dis. Mais d'autres vont bien. La vie est faite de contrastes : à tel moment le ciel nous tombe sur la tête. Et à tel autre, il nous éblouit. Une parole nous plonge en enfer, et un sourire nous ouvre le ciel. C'est banal. Mais la banalité n'est pas toujours fausse.

Tu me cites la Bible, les prophètes, les passages apocalyptiques repris de génération en génération. Mais je peux t'en citer d'autres. Calme-toi donc, puisqu'aussi bien *il y a un moment pour tout, un temps pour toute chose sous le ciel : un temps pour pleurer et un temps pour rire ; un temps pour se lamenter et un temps pour danser...*[7] Cris ou plaintes, paroles excitées ou exaltées ne sont pas tout. Il y a des moments de rémission, heureusement ! Sans doute n'y a-t-il jamais dans la vie de dernier mot...

Mais je vois que tu hausses les épaules, m'accusant de ne pas te prendre au sérieux. Soit. Mettons que rien n'aille, comme tu le penses. Qu'est-ce qui t'oblige à rester dans ce monde-là ? Tes enfants te tournent le dos, dis-tu. Quitte-les donc, non pas effectivement peut-être, mais quitte l'attachement, ou ce désir éperdu d'une reconnaissance que tu voudrais obtenir d'eux, et qui est mendicité. Car peut-être leur ingratitude te rendra-t-elle service, en te faisant comprendre sur quelle dépendance et quelles projections repose l'amour que tu as pour eux.

Tu parles de détresse. Mais pourquoi aussi ne pas la surmonter, en fuyant ce monde qui la cause ? Et au lieu de reprendre des paroles d'imprécation, prends-en d'apaisement : *Je vous ai parlé ainsi, pour que vous ayez la paix en moi. Vous avez de la détresse dans le monde ; mais prenez courage, moi, j'ai vaincu le monde*[8].

Une autre fois je te dirai peut-être ce qu'est *vaincre le monde*, ou être du monde comme si on n'en était pas. Mais comme à la fin de ta lettre tu me parles avec nostalgie d'une époque qui mériterait un juge, je ne saurais te mettre assez en garde contre cette manie prédicante et judicante, cette volonté et obsession constantes attribuées à Dieu d'*entrer en jugement*. Que de sang versé au nom de tout cela ! Vois : *Car le Seigneur est en procès avec les nations, il entre en jugement contre toute chair, il livre les méchants à l'épée – Oracle du Seigneur*[9]. Méfions-nous d'un Dieu aussi colérique. Au moins, ne l'imitons pas dans nos récriminations. Le pacte est sans doute préférable à l'anathème. On dit qu'un mauvais arrangement vaut mieux qu'un bon procès. Là encore la banalité n'est pas toujours fausse.

Combien je préfère, moi, ces autres paroles attribuées aussi à celui que tu cites dans ta lettre : *En vérité, en vérité, je vous le dis, celui qui écoute ma parole et qui croit à celui qui m'a envoyé, a la vie éternelle et ne vient pas en jugement, mais il est passé de la mort à la vie.*[10] Il suffit de foi et de parole, de foi il me semble ici en la Parole, pour que personne n'entre plus en jugement. Parler ainsi est plus à hauteur d'homme, ne crois-tu pas ?

Quant à savoir si ces paroles-là sont accordables à celles que, toi, tu relèves et qui pourtant proviennent du même Livre, c'est une bien vaste question, qu'ensemble nous pourrions examiner, lorsque tu seras plus calme et serein.

Pacifiquement.

Luc

Lettre 3

Christiane à Luc

Cher Luc,

je connais ta sagesse proverbiale, et ton goût constant de la mesure. Mais dans l'état où je me trouve je pense au contraste qu'il fait sans doute avec le tien, et j'ai envie de te provoquer un peu, toi mon si raisonnable ami, en te citant cette phrase, qui est d'Augustin je crois : « La mesure de l'amour est d'aimer sans mesure ». Je ne sais si tu as déjà aimé, et si non, je te plains. Rien ne vaut un cœur qui bat. Tous les raisonnements des philosophes n'y feront rien, et qui vit sans folie n'est pas si sage qu'il croit. Peut-être le paradoxe là-dessus est-il le vrai, et *ce qui est sagesse aux yeux des hommes est-il folie aux yeux de Dieu.*[11]

Je te vois froncer les sourcils, te sachant peu paulinien. Remplace alors Dieu par Amour. Au reste l'a-t-on déjà dit : *Dieu est Amour*.[12] Mais pour moi, femme, j'inverserais volontiers : l'Amour est Dieu. Nous seules semble-t-il savons aimer : vous ne savez que peser, mesurer, donc modérer et, en fin de compte, tergiverser. Nous sommes la ruine de vos calculs, l'ironie de vos communautés. Notre éclat de rire renverse tous vos doutes. Et s'il y a peut-être dans les femmes quelque chose d'égaré, il y a toujours chez les hommes quelque chose de ridicule.

C'est que peut-être il nous importe surtout de donner, et à vous, de recevoir. Qu'elle est belle, tu ne crois pas, cette phrase finale de l'héroïne au héros à la fin de l'*Éducation*, ce roman pourtant de Flaubert, cet auteur que tu aimes tant : « J'aurais voulu vous rendre heureux » ! Tu m'as dit un jour ne pas pouvoir lire cet avant-dernier chapitre sans que les larmes ne te viennent aux yeux, devant ce que tu m'as dit ensuite, bien professoralement, être une transfiguration métaphysique de l'échec. Eh bien, souviens-toi toujours de cette phrase-là, et mesurer pour mesurer, mesure pour une fois quelque chose qui en vaut la peine : ce qui nous sépare de vous.

Crois moi, cher philosophe, le don, et jusqu'au don de soi, est ce qu'il y a de plus beau, et de plus émouvant. Ce qui nous fait être vraiment, l'oubli au profit de l'autre. *Il n'est pas de plus grand amour que de donner sa vie pour ceux qu'on aime.*[13]

Toi, tu te prêteras peut-être, mais te donneras-tu ? Pour moi, je veux me donner toute, et donner à tous ceux que j'aime. Et pour commencer en si bon chemin, et ainsi conclure ma lettre, je te donne le bonsoir.

Passionnément.

Christiane

Lettre 4

Luc à Christiane

Chère exaltée,

je comprends fort bien tes raisons, qui tiennent peut-être, comme tu le dis, à la nature de ton sexe. Aussi à une certaine atmosphère romantique qui a dû baigner ton enfance, ou tes lectures, je ne sais. Je me garderais bien de t'en faire grief, car je sais trop combien la naïveté peut rendre heureux, et la lucidité, malheureux.

Pourtant, je ne peux partager ton choix. *Donner sa vie*, comme tu dis, me semble aussi, par-delà tous les rêves embellissants, le propre de tous les apologistes du sacrifice, que personnellement je ne goûte que très médiocrement. Au reste le texte que tu cites ne parle pas de « donner » sa vie, mais de l'« exposer », ce qui n'est pas la même chose. Car l'autre à qui nous nous « donnons » peut avoir besoin de nous vivant, à ses côtés, pour continuer de l'aider. S'il se noie, repêchons-le : mais à quoi servirait de se noyer soi-même ? N'oublie pas que saint Martin n'a donné que la moitié de son manteau au pauvre transi de froid : il ne l'a pas donné tout entier. Qui n'est bon pour soi ne l'est pour personne, et comme le dit l'adage ancien : « Médecin, soigne-toi toi-même ». J'ai parfois discuté avec des personnes appartenant aux professions médicales. Elles ont bien convenu qu'un soignant ne doit pas être un soi niant.

Tu me demandes pourquoi je n'aime pas le sacrifice. Je te réponds par une petite histoire, ou un souvenir personnel : à toi de deviner – mais y a-t-il toujours une différence entre histoire inventée et souvenir vécu ?

Une mère disait toujours à son enfant : « Songe à tout ce que j'ai fait pour toi. Pour toi je me suis privée, saignée aux quatre veines, vraiment offerte en sacrifice. » Il ne se passait pas de jour sans que l'enfant n'en fût écrasé. Il eût voulu évidemment qu'elle cessât de se plaindre, mais plus profondément qu'elle pensât plus à elle, et moins à lui. N'étant pas heureuse, il ne l'était pas non plus. Bien sûr un jour elle mourut. Et ce jour-là, étendue sur le lit d'hôpital avec sa pathétique petite robe, il la revit pareille à la petite fille qu'elle avait été, et il fit réflexion qu'il ne l'avait jamais, de sa vie, entendue chanter.

Je sais bien que tous ceux qui se sacrifient n'en font pas toujours reproche à ceux qu'ils disent aimer, encore que cette attitude soit beaucoup plus fréquente qu'on ne pense, quoique cachée, et qu'il n'y ait pas de limite nette entre l'altruisme et la manipulation. Mais pense, chère Christiane, que ce qui nous est demandé est *la compassion, et non le sacrifice*[14]. Catégoriquement je pense – suis-je le seul ? – que c'est inaccordable avec l'éloge de cette victime propitiatoire, saignée par le Seigneur, qu'on nous présente ensuite, et qu'on nous dit être à l'origine des mêmes paroles : *ce Christ qui nous a aimés et s'est livré lui-même à Dieu pour nous en offrande et en sacrifice comme un parfum de bonne odeur.*[15] Ces paroles pour moi ne sont pas admissibles. – Mais bien sûr je t'en laisse juge.

Ta lettre reste très émouvante. Qui ne convaincrait-elle ? Qui ne se laisse gagner par l'émotion ? Mais les larmes brouillent le regard. Essuie tes yeux, tu verras plus clair.

Sans rancune, ô toi mon miroir, ô toi qui peut-être fus mon passé !

Luc

Lettre 5

Christiane à Luc

Mon cher,

je n'ai pas beaucoup aimé ce ton condescendant que tu as pris dans ta dernière lettre. Aussi ta petite histoire est tendancieuse. Tout amour n'est pas instrumentalisant, ne me fais pas l'injure de le penser. Je le sais aussi bien que toi : si comme on l'a dit il n'y a pas d'amour, il n'y a que des preuves d'amour, celles-ci doivent demeurer bien cachées. Ce n'est pas l'ostentation que je visais. La discrétion s'impose, et le désintéressement, donc tout le contraire de ce reproche dont tu me parles : celui qu'on fait à autrui de ce qu'on a fait pour lui. *Que ta main droite ignore ce que fait ta main gauche...*[16]

Quelle satisfaction que de pouvoir se dire : ce que je fais pour lui, il ne le saura jamais, ou que plus tard ! Mais qu'importe, cela au moins aura été fait. Il ne sait pas combien je l'aime, soit. Mais c'est, dirais-je, une affaire entre moi et moi. Je l'aime même assez pour renoncer à lui…

Quel orgueil avez-vous de nous juger, alors que nous allons au-delà de tout jugement ! Décidément, mon pauvre ami, nous sommes bien éloignés l'un de l'autre, comme ces étoiles dans le ciel qu'il nous arrive de contempler, la nuit. Ou bien comme deux personnes solitaires debout sur les rives opposées d'un grand fleuve, et séparées par une infranchissable distance.

Mais nous vous laissons à votre parcimonie, à votre modicité quotidienne : nous préférons le don...

... sans mesure.

Christiane

Lettre 6

Luc à Christiane

Ma très chère,

je suis désolé de t'avoir paru supérieur, alors que je te prenais très au sérieux, et que même, comme je te l'ai dit à la fin de ma lettre, j'avais l'impression de m'adresser à une partie de moi-même.

N'exagère pas notre opposition. Toi comme moi pensons que l'essentiel dans la vie, dans nos relations avec les autres, est comme tu dis la « satisfaction » que l'on éprouve. Pour toi, elle va jusqu'au renoncement, quand tu me cites Atalide dans *Bajazet* : « J'aime assez mon amant pour renoncer à lui ». Combien j'aimerais pourtant qu'un auteur ne continuât pas le destin probable auquel peut vouer ce rôle, et qu'on ne nous montrât pas ce qui risque à la fin de se passer : une femme assaillie par des regrets affreux d'être passée à côté de sa vie, regrets plus effroyables en tout cas que les remords ! Les premiers sont sans limite assignable, à la différence des seconds, qu'au moins on peut circonscrire. Est-il plus terrible situation que de voir, au moment de mourir, comment on aurait dû vivre ?

Mais enfin, je tombe d'accord que la « satisfaction » est essentielle : plénitude, sentiment moins du devoir accompli, comme on dit, que d'une parfaite cohésion avec soi-même, un accord trouvé avec sa nature la plus profonde. Tu le dis admirablement : « C'est une affaire entre moi et moi ».

Or cette prise en compte élémentaire de soi est ce que souligne, en citant une parole antérieure, celui en qui je préfère voir un maître de sagesse, plutôt que le candidat au sacrifice volontaire avec lequel souvent on l'identifie : *Aime ton prochain comme toi-même.*[17] Il ne dit pas : « plus que toi-même ». Je te l'ai suggéré dans ma dernière lettre. Sous peine de ne pas pouvoir aimer l'autre, il faut s'aimer soi-même, ma chère Christiane, et non faire mépris de soi. Aime-toi, et le ciel t'aimera. Songe que si le moi est haïssable, comme l'a dit un fanatique, aimer son prochain comme soi-même devient une atroce ironie…

Le vrai amour, la grande affaire qui t'occupe apparemment aujourd'hui, est l'occasion d'aller vers soi-même, de se découvrir, dans ce qu'on a de plus profond. Vois la belle parole du *Cantique* : *Lève-toi, va vers toi-même, ma compagne, ma belle, et viens !*[18] Et que peut attendre de mieux une femme de la part de son amant que d'être ainsi, jusque dans l'acmé de l'amour physique, révélée à elle-même ? N'oublie pas que l'injonction ici vise le bien du destinataire, comme celle qui fut faite, dit-on, à Abraham invité à aller *pour lui-même*, vers la terre que lui montrerait le Seigneur.[19] – Le méditerons-nous assez, ce *Lekh lekha* hébreu ?

Tu le vois bien : il est question ici d'un souci de soi. Je ne veux pas dire bien sûr du petit moi, narcissique, égocentré, manipulateur, mais du moi tel qu'à certains moments d'exhaussement, et d'exaucement, il peut être : réuni en soi à plus grand que soi. Aussi, pas plus que vanité et orgueil, ne confondons pas l'égocentrisme, où l'on ne pense qu'à soi, avec l'égoïsme, où simplement on pense à soi. Le premier est un défaut, et le second, une tendance tout à fait naturelle. Au reste dans la vie faut-il avoir assez d'égoïsme pour résister à l'égocentrisme des autres.

Je veux croire que l'amour tel que tu le conçois, chère Christiane, n'est que l'amour-propre d'un cœur généreux, l'égoïsme d'un grand caractère, l'accomplissement d'un moi porté à son plus haut point d'incandescence, en ce lieu où il se parachève, dans la « satisfaction » que tu dis, pleinement dans le don. C'est tout le contraire de l'oubli de soi, ou de cette fuite loin de soi qu'est pour beaucoup le souci des autres, et qui n'est que du détournement, du divertissement : quel dénuement que d'en dépendre ! Et quelle fierté que, une fois assumée sa propre solitude, enfin volontairement s'y porter !

Réunie à toi-même, tu aimeras. Le reste fait les mendiants d'affection, ce qu'un de mes camarades d'école, il y a bien longtemps, appelait les « clodos du cœur ». Au lieu de vivre par eux-mêmes et pour les autres, ils vivent par les autres, et pour eux-mêmes. Et naturellement ces mendiants d'amour égocentrés, faute de s'être vraiment trouvés dans leur être profond, je le répète en solitude, peuvent devenir aussi, dans cette fuite loin d'eux-mêmes, des fanatiques du masochisme. Ce sont les plus dangereux. Car on n'est violent qu'à proportion qu'on se fait violence, et qui a mal fait du mal. Et du martyr volontaire au bourreau, il n'y a souvent que l'épaisseur d'un cheveu.

Aimons donc, selon ton vœu. Mais que l'enjeu soit nous-mêmes, et non l'oubli de notre nature profonde. Il suffit assez de se voir imparfait, limité : qui a dans la vie les moyens de ses ambitions ? Qui ne voit ce qu'il pourrait être, « lui-même », à côté de ce que malheureusement il est ? Mais il faut toujours y penser : qui ne meurt de n'être que soi ne sera jamais soi-même – qui est son Soi, même.

À nous donc, tels que parfois nous pouvons, ou espérons, être – et toi sans doute plus que moi !

Affectueusement.

Luc

Lettre 7

Christiane à Luc

Mon cher,

merci pour la longue dissertation. Je n'ai pas comme toi l'habitude et l'adresse de manier les mots, et sans doute n'en ai-je pas même le goût. Je suis dans la vie quant à moi, et non dans les raisonnements. Toi, tu as la connaissance, mais as-tu l'expérience de l'amour ? N'oublie pas que *la connaissance disparaîtra, tandis que l'amour ne périt jamais*[20].

Tu me parles je crois, à la fin de ta lettre, d'un modèle intérieur à quoi nous devons correspondre pour être vraiment nous-mêmes. Le mien est celui d'un être qui aime, et seul il me permettra de racheter mes imperfections, toutes ces insuffisances qui marquent mon passé. Je n'en ai pas trouvé d'autre. Désolée de ne pas pouvoir t'en dire plus. Mais il me semble que c'est déjà assez.

À une autre fois. Je te laisse maintenant à tes réflexions. Pour moi, la vie m'attend...

Christiane

Lettre 8

Luc à Christiane

Ma toujours chère,

je ne sais si tu es née sous le signe du Scorpion, mais ta dernière lettre pourrait m'y faire penser. Cependant je ne t'en veux pas, et te souhaite de trouver, comme tu l'évoques, ta nature profonde, ton modèle intérieur. Deviens ce que tu es – depuis toujours : *Quand vous verrez vos modèles, qui au commencement étaient en vous, qui ne meurent ni ne se manifestent, qu'est-ce que vous supporterez !*[21]

Simplement, comme je te sens assez surexcitée et agressive, je voudrais te dire que ce retour à toi, à ton être essentiel qui était toi depuis le début de ta vie, doit se faire à mon avis sereinement, les yeux grands ouverts. Le cœur peut y battre, certes, mais dans le grand calme d'une réintégration : comme quand on retrouve son chez soi. Mais quand tu me parles de te « racheter », je m'inquiète. Il y a là une sorte je dirai de frénésie lyrique, qui peut être dangereuse, quand on veut à toute force prendre une revanche sur un adversaire que l'on n'a pas assez scruté. Je ne sais quel a été ton passé, les déconvenues que tu as eues, les déceptions que tu as éprouvées. Je peux les imaginer, mais tu ne m'en as jamais parlé. En tout cas on ne se jette pas me semble-t-il dans l'amour, ou dans le grand maelstrom de la vie, par dépit ou par défi. Même si tu n'aimes pas réfléchir, je prends la liberté de le faire pour toi. Aussi bien tu peux ne pas lire plus avant cette lettre, ou la jeter si je t'indispose.

Tu m'as cité, je crois, dans une précédente lettre le mot de la première lettre de Jean : « Dieu est amour ». Tu as même inversé la phrase en « L'amour est Dieu », ce qui est possible à partir du texte latin, mais non du grec. Mais peu importe ! J'ai toujours été surpris qu'on se gargarise de ce « Dieu est amour », en oubliant ce qui le suit : *Et cet amour consiste, non point en ce que nous avons aimé Dieu, mais en ce qu'il nous a aimés et a envoyé son Fils comme victime expiatoire pour nos péchés.*[22] Que penses-tu de cette idée d'expiation, de victime expiatoire ou propitiatoire ? Je t'ai déjà dit que je ne l'aime pas, quant à moi. Aimer, ce n'est pas expier une faute ou se racheter – on se demande bien de quoi... Ce n'est pas se jeter dans un gouffre yeux fermés ou grands fermés (*Eyes wide shut*), sans réfléchir, en postulant même une positivité du sacrifice. C'est au contraire être lucide, ouvrir les yeux sur ce que la vie peut nous donner, en apprécier les cadeaux. Et y séparer le bon grain de l'ivraie...

On vante toujours, mais j'espère que tu ne me parleras plus de ce mot que tu as employé pourtant dans ta dernière lettre, le rachat ou la rédemption par le sacrifice d'un cœur aimant. Mais vois : *C'est ainsi que le Fils de l'homme est venu, non pour être servi, mais pour servir et donner sa vie comme la rançon de plusieurs.*[23] Je te sens là-dessus mécontente. Quel rapport, me dis-tu, entre cette « rédemption », qui me plaît et fascine, et cette « rançon », qui me repousse ? Eh bien, c'est exactement le même mot latin qui a donné ces deux mots en français. Crois-tu alors qu'on puisse vraiment changer un scénario obscène en l'euphémisant par un mot apparemment plus avenant ?

J'arrête ici ma trop longue lettre. À ce ton professoral qui te déplaît, je conçois bien qu'on puisse préférer l'émotion pure. Y voir une illusion lyrique suppose peut-être l'expérience des années. Nous n'avons pas le même âge, chère Christiane, et il se peut que ce que je te dis soit dicté simplement par la nostalgie du tien.

À bientôt, si tu le veux bien.

Luc

P.S. : Comme dans ta dernière lettre tu cites l'apôtre Paul opposant amour et connaissance, je te conseille de t'en défier. J'aurai peut-être l'occasion de te dire plus amplement pourquoi.

Lettre 9

Christiane à Luc

Mon ami,

sans doute nos âges respectifs nous opposent-ils. Mais je te dirai que je te trouve timoré et excessivement prudent dans ta façon de dire, de tout peser et mesurer – de vivre, je ne sais, car je ne connais pas ton passé pas plus que tu ne connais le mien. Tu as bien senti que l'amour était mon seul guide – surtout maintenant, mais de cela évidemment tu ne peux pas te douter. Cependant je t'en laisse le mystère, et je sacrifierai ici à ce qu'on appelle la coquetterie féminine !

Que de beaux textes, ne crois-tu pas, faits à l'éloge de cet amour sur le déroulement duquel tu me mets en garde ! Et combien de rêves, d'aliments pour l'imaginaire, procurent-ils ! Vois, dans ce Livre que tu aimes : *Mets-moi comme un sceau sur ton cœur, comme un sceau sur ton bras ; car l'amour est fort comme la mort, le désir est inflexible comme l'Enfer ; ses ardeurs sont des ardeurs de feu, un coup de foudre sacré*[24]. Combien pâle et terne est la vie de ceux qui ne le connaissent pas ! Ils pourrissent sur place, comme du bois abandonné sur le sol. Mais moi, je préfère que le bois brûle dans un grand feu, plein de chaleur et de lumière. Mieux vaut, ne crois-tu pas, se perdre dans sa passion que de perdre sa passion ! J'y connaîtrai peut-être des ennuis, mais au moins je ne m'ennuierai pas.

Je ne comprends pas du tout pourquoi tu n'aimes pas ce beau passage de l'Épître aux Corinthiens à la gloire de l'amour que je t'ai cité dans ma dernière lettre. Je veux bien que tu m'en éclaires, mais brièvement je te prie, car maintenant la vie me tend les bras.

Ton irréfléchie heureuse.

Christiane

Lettre 10

Luc à Christiane

Chère passionnée,

je me doutais bien d'après tes précédentes lettres que tu étais occupée de l'amour, et je comprends d'après la dernière que tu viens d'entamer une liaison amoureuse. Je n'ai d'ailleurs aucun mérite d'avoir deviné, car des amis communs me l'ont dit. Je n'en connais pas l'heureux élu, mais je te souhaite tout le bonheur possible, et, même si tu n'aimes pas ce mot, toute la connaissance qu'elle peut t'apporter.

Prends garde toute de même que les textes que tu me cites, que ce soit le Cantique ou Paul, ne parlent pas de l'amour-passion, que tu sembles rechercher en parlant de « rêves », d'« aliments pour l'imaginaire », mais d'autre chose. Ce n'est pas d'éros qu'il est question, mais d'agapè, qui est un amour de choix et de volonté. Autrement dit de dilection et de bienveillance, selon l'étymologie latine respective de ces mots. – Je te vois froncer les sourcils, ou hausser les épaules, réflexe naturel de celui qui vit ou veut vivre, à l'adresse de celui qui sait, philologue évidemment empoussiéré.

Finalement, es-tu sûre, chère Christiane, que tu veux vraiment aimer ? Ne veux-tu pas simplement être amoureuse ?

N'importe. *Wait and see*... Raconte-moi ce que tu vis, et si je peux te donner des conseils, et si tu veux en accepter, je te mettrai en garde, s'il y a lieu, contre le danger de l'imaginaire et des projections dans l'expérience de l'amour.

En attendant, voici ce que je n'aime pas dans l'hymne paulinienne à l'amour. D'abord le fait de refuser la connaissance, dans cette phrase que tu m'as déjà citée : *L'amour ne succombe jamais... la connaissance, elle sera abolie.*[25] Je t'ai dit en commençant cette lettre mon espoir que l'amour t'apportera, à l'expérience, une connaissance. Mais mieux vaudrait, à mon avis, même si cela peut paraître étrange, que la connaissance de l'amour précède son expérience elle-même. Car l'amour à mon avis doit s'apprendre : il faut savoir ce qu'on y trouve, avant de s'y engager. Et surtout ce qu'on y risque. Car on y peut très mal faire, même en croyant bien faire. Par exemple si on écrase l'autre de nos propres attentes. « Mets ton pull, j'ai froid ! », disent certaines mères à leur enfant, qu'elles anéantissent sans appel. Méfions-nous de ceux qui, par manque de discernement, nous écrasent de leur amour non réfléchi, comme l'Ours de la fable écrase de son pavé la tête de son ami le jardinier. Et si tous nos crimes étaient des crimes d'amour ? L'intention peut être belle, mais le résultat est catastrophique. Et ce qui permet de l'éviter est la réflexion préalable et la connaissance de cette universelle loi du tragique, qui mesure la différence abyssale qu'il y a très souvent entre les deux.

L'hymne paulinienne est très belle, je te le concède. C'est un très beau texte littéraire. Mais outre son refus de la connaissance, c'est-à-dire de la gnose (t'ai-je dit que je me sentais fort gnostique ?), que penses-tu de ceci : « *L'amour excuse tout, croit tout, espère tout, supporte tout* »[26] ? Évidemment tu vas en être d'accord, tant la beauté de cette formule, de cette gradation savamment construite, emporte tous les doutes raisonnables, et exalte l'amoureux au plus haut sommet –en le portant évidemment jusqu'au sacrifice.

D'ailleurs combien d'œuvres, romans, chansons, opéras, films, s'en nourrissent et en font leur fil rouge ! La liste est innombrable, et je t'en citerais quelques unes, si tu avais le temps. Nous pourrions alors convenir ensemble, après une sûrement longue discussion, d'un paradoxe selon lequel la beauté même de l'expression peut parfois faire oublier l'inadmissible, en sorte qu'il peut bien exister une véritable barbarie de l'art. Et bien souvent, plus grande est la beauté de la forme, plus grande est je dirai l'obscénité du fond. Peut-être pourrons-nous approfondir cela un jour...

Simplement, comme tu es pressée de suivre cet amour qui te fait un signe véhément, je te raconterai, comme à mon habitude, une petite histoire.

Deux époux avaient choisi pour leur mariage que leur fût récitée l'hymne paulinienne. Et le prêtre avait donc prononcé le fameux : « *L'amour supporte tout* ». L'épousée était aux anges. Mais le mariage n'est qu'un début, et les contes qui y déterminent systématiquement leur fin pour la dire heureuse sont menteurs. Ce qui suit souvent est bien triste, et loin d'être au niveau de l'initiale promesse. D'abord l'évitable promiscuité fit son œuvre. Le mari se mit à ronfler dans le lit conjugal. Évidemment elle le supporta – quoi qu'elle eût mieux fait de changer de chambre. Mais un jour, le tragique succéda au cocasse. L'amour l'ayant quitté, il se mit non seulement à la tromper, et maintes fois, mais même enfin à lever la main sur elle. Que t'en semble ? Dut-elle, au souvenir de ce qu'elle avait entendu, *« tout supporter »* ?

Tu me traites, j'imagine, d'oiseau de mauvais augure. J'espère évidemment l'être en ce qui te concerne.

Bonne chance donc dans ce qui t'attend.

Fidèlement.

Luc

P.S. : Excuse-moi de t'avoir fait une longue réponse, alors que tu me demandais d'être bref. J'ai quant à moi beaucoup de loisir : peut-être t'envierai-je d'être si occupée...

Lettre 11

Christiane à Luc

Mon cher,

je veux te dire ma colère. Libre à toi de vouloir détruire mes illusions sur ce que je vis, car j'ai au moins un certain passé qui me permet tout de même de réfléchir. Mais tu n'as pas le droit de détruire celles de ceux qui s'ouvrent à la vie avec un cœur naïf et tendre. Je viens de l'apprendre : c'est ce que tu as fait naguère avec mon ami d'aujourd'hui, dont j'aimais la fraîcheur et la candeur. Tu les as flétries, peut-être à jamais. Pourtant il m'a fait retrouver ma prime jeunesse, et là, qu'a-t-on besoin des sages destructeurs ? Aussi lui ai-je conseillé d'y réfléchir au moins et puis de te le dire, et c'est ce qu'il fera sans doute prochainement. Qui sème le vent récolte la tempête. *Celui qui sème l'iniquité moissonne l'iniquité*[27]. Tu n'as que ce que tu mérites.

Tant pis pour toi.

Christiane

Lettre 12

Sébastien S. à Luc T.

Monsieur le Professeur,

j'ai longtemps hésité à vous écrire, moitié par cause de ma timidité naturelle, moitié par la paralysie où me jetait votre réputation. Je le fais cependant, car on m'y engage, et aussi je voudrais enfin que vous compreniez l'influence que vous avez exercée sur moi, et que mon exemple, peut-être, puisse servir de témoignage dont d'autres pourraient tirer leur profit pour l'avenir, si vous consentez du moins à y réfléchir et à le prendre en compte.

Dès que je suis entré dans votre classe, et au tout début de votre cours, je vous ai admiré. Je sentais que j'entrais là dans un terrain tout nouveau pour moi, celui de l'intelligence s'exerçant de façon totalement libre, sans aucun préjugé. Vite je me suis conformé à vos façons de penser, car leur originalité même me fascinait, tranchant avec le milieu dont je venais, et qui jusque là m'avait modelé.

On m'y avait appris des normes intangibles, un socle solide où l'on devait s'appuyer, des règles de vie qu'il était hors de question de contester. Dans cette ambiance je me sentais bien. C'était confortable. Là était le bien, et là le mal. Là le bon goût, là le mauvais. Là les lectures substantielles, et là les légères, voire les détestables.

Et voilà que vous avez tout subverti. Bienheureux vertige au début, ivresse délectable ! Je me fis un de vos plus ardents disciples. J'étais fier de tout ce que je recevais de vous.

Et pourtant, à la longue, et à l'occasion aussi de certains cours provocateurs et paradoxaux, je me suis senti ébranlé, vacillant. Peut-être faisiez-vous exprès de provoquer votre classe, et ne pensiez peut-être pas tout ce que vous disiez. Il y avait peut-être ou sans doute en vous de l'humour, de la distance. Mais à l'époque, vu mon jeune âge, je ne les ai pas sentis. Et c'est ainsi que l'ardent néophyte du début entra dans l'indécision et le doute, pour à la fin chuter de tout son haut.

Vous nous montriez que rien n'était respectable qui ne bénéficiait précisément de notre part d'une présomption de respectabilité, que donc c'était nous qui étions à l'origine de toutes nos admirations. Rien qui ne dût son aura à autre chose que nos propres projections. Alors tout le ciel et toutes ses étoiles pouvaient chavirer, puisqu'ils ne prenaient vie et n'existaient que dans notre propre regard et grâce à lui. Il n'y avait plus rien de fixe, d'existant à l'extérieur de soi, à quoi se raccrocher.

Vous n'imaginez pas combien cet écroulement, insidieux au début, fut grand et irrémédiable à la fin. Vous planiez indestructible au milieu des ruines, vous applaudissant (au moins est-ce ainsi que je l'ai ressenti) des destructions que vous faisiez en moi – et sans doute aussi en beaucoup d'autres de mes condisciples.

Car vous avez flétri toutes nos illusions. Certes nous étions jeunes, mais quel droit aviez-vous à nous arracher à cette jeunesse ? Pourquoi aussi ce pessimisme que vous affichiez (je répète que c'est au moins ainsi que nous l'avons ressenti à l'époque) nous a-t-il ainsi pervertis ? Quel plaisir à retransformer nos carrosses en citrouilles ? On pleure parfois ses illusions avec autant de tristesse que les morts. Perdus dans la forêt des doutes, nous les avons semées comme un enfant abandonné ses petits cailloux, mais retrouverons-nous finalement notre chemin ?

Le scandale que vous avez causé, il a causé notre chute. Je pourrais vous en maudire, comme certains autres. Mais je me contenterai peut-être de vous en plaindre. Des hommes comme vous, sans doute *il est nécessaire qu'il y en ait, mais malheureux l'homme par qui la chute arrive.*[28]

Certes vous avez éveillé notre intelligence, mais l'intelligence est-elle tout ?

Un Souffle nous portait que vous avez détruit. Certes il avait pour lui la simplicité. Mais il avait l'évidence, tandis que vous avez tout embrouillé en semant en nous l'indécision, et peut-être que ce blasphème-là, contre ce Souffle ou cet Esprit, est-il le seul qui *ne sera point pardonné...*[29]

Bien sûr, vous trouverez bien injuste et ingrate cette lettre. Peut-être y répondrez-vous, ou peut-être pas. Tout ce qui nous sépare maintenant, en tout cas, je vous remercie de m'avoir permis de le voir, et c'est à vous que je dois mon évolution d'aujourd'hui.

Pour cette raison, veuillez croire, Monsieur le Professeur, à toute ma reconnaissance.

Sébastien S., votre ancien étudiant, année scolaire 19*-19*.

Lettre 13

Luc T. à Sébastien S.

Cher Sébastien,

je vous remercie de votre longue lettre, qui m'a beaucoup fait réfléchir. Je me souviens très bien de vous, et suis désolé, à vous lire, de l'effet que mes cours ont pu avoir sur mes étudiants. Vous avez perçu à m'entendre certaines choses, dont j'étais souvent à mille lieues. Le pessimisme par exemple que vous avez senti dans mes propos n'était dans mon esprit qu'une lucidité de départ, et il était loin d'y être le dernier mot. Tant est difficile la communication entre les êtres ! Mais aussi songez, maintenant que vous avez grandi, que toute prestation publique, comme l'est un cours, est une représentation théâtrale, et que le masque que nous portons sur notre figure ne correspond pas alors à ce que nous sommes vraiment.

D'autre part, le jour naît en larmes, comme dit le poète. Ou plus trivialement, une destruction peut être bénéfique, et même sur des ruines la nature fait son œuvre, poussent les plantes, et luisent des rayons de soleil. Il faut abandonner certain bagage, le laisser derrière soi sur le chemin de la vie, pour progresser. Ou comme en ballon lâcher du lest, pour s'élever. Meurs et deviens ! *Si le grain de blé tombé en terre ne meurt, il reste seul ; mais, s'il meurt, il porte beaucoup de fruit.*[30] Bien sûr, prenez ici « mourir » symboliquement !

Vous parlez d'un Souffle qui doit nous porter. Certes il nous donne naissance. Mais *il souffle où il veut, et on ne sait ni d'où il vient ni où il va*[31]. Laissez donc la porte ouverte, pour le laisser entrer. Ne pleurez pas sur sa disparition, car ce serait le réifier.

Vous regrettez l'état d'indécision où, dites-vous, je vous ai mis. Je pense qu'il ne le faut pas. La certitude aveugle n'est pas bonne conseillère, et autant dans la vie privée des êtres que dans toute l'Histoire elle a conduit à des catastrophes. Il est beau de croire, mais il l'est aussi de douter, car c'est humainement inévitable. Rien n'est meilleur à mon avis que cette parole : *Je crois ! Viens au secours de mon incrédulité !*[32]

L'incarner est la grâce que je vous souhaite.

Très cordialement.

Luc T.

Lettre 14

Luc à Christiane

Ma chère,

ton nouvel ami, qui se trouve être un ancien de mes étudiants vient de m'écrire, comme tu me l'as annoncé, et j'ai trouvé sa lettre très émouvante. De son point de vue évidemment il a raison. Que n'en puis-je dire autant de toi, à qui il faudrait apprendre le perspectivisme des visions ! J'ai trouvé en effet ta dernière lettre bien injuste et pleine d'acrimonie. Essaie donc d'entrer dans les raisons des autres, et de voir l'ensemble des choses, à l'image du dialecticien dont parle Platon.

À t'entendre, il faudrait que je subisse le supplice dont on nous menace : *Quiconque entraîne la chute d'un seul de ces petits qui croient en moi, il est préférable pour lui qu'on lui attache au cou une grosse meule et qu'on le précipite dans l'abîme de la mer.*[33]

Mais je ne ferai pas ici amende honorable. Éveiller les esprits, à condition bien sûr de ne pas se prendre pour un oracle ou une instance omnisciente, est une belle tâche, et l'obscurantisme n'a jamais sauvé personne. Cette connaissance, cette *gnose* où l'on peut voir comme je te l'ai déjà dit ma préférence et comme ma définition, je la revendique (ou au moins sa recherche). Libre à toi d'en être l'ennemie, une *gnosimaque* !

Rassure-toi. N'aie pas peur de ce grand mot : ici nous n'en venons pas aux insultes. Je ne te ferai pas non plus l'injure de penser que tu veux maintenir ton partenaire dans une longue enfance, ce qui est pourtant chez certains une tactique très commode pour s'attacher quelqu'un.

Certes l'enfance et sa fraîcheur attirent toujours, et je comprends un peu ta réaction. Mais s'il faut en garder l'esprit, il faut aussi grandir, quitter ce séduisant paysage : *Malheur à toi, pays dont le roi est un enfant !*[34] Nous pourrons en reparler si tu veux.

Malgré tout, fais davantage attention à ce que tu dis !

Bien à toi.

Luc

Lettre 15

Antoine à Luc

Cher Luc,

je te remercie de ta dernière lettre, qui m'a apporté un peu de réconfort dans la révolte où je me trouve. Pardonne, je te le répète, mon humeur mélancolique. Peut-être fais-je la dépression ordinaire de la mi-vie, quand on constate que rien ne répond à notre attente profonde, que ce qu'on a rêvé, on ne l'a pas, et que ce qu'on a, on ne l'a pas rêvé. Le soleil au zénith écrase tous les plans, plus rien n'a de profondeur, de relief. Comme je te sais aussi photographe, tu me comprendras : ce n'est absolument pas le moment propice aux prises de vue, qu'il faut faire, comme tu sais, en lumière oblique, le matin ou le soir.

Plains-moi. Tel est mon état : plus rien autour de moi ne séduit mon regard. Une lumière aveuglante brûle mes yeux, mais non pas pour les éclairer. Elle est implacable, sans nuance ni douceur. Et le vieux Livre me revient encore en mémoire. Sans doute faut-il se défier de ce *démon qui ravage à midi...*[35]

Si encore je pouvais demander un secours, un réconfort ! *Mon âme pleure de chagrin : Relève-moi selon ta parole !*[36] Mais pour moi le ciel est vide. Je ne peux prier un Dieu auquel je ne crois pas.

Tu sais par exemple l'attachement que je porte à la réciprocité dans les relations humaines. Eh bien, ceux à qui je rends service, ils ne m'en savent aucun gré. Dire simplement « Merci ! », voilà ce qui se perd aujourd'hui. L'apprend-on encore aux enfants ? Y a-t-il même encore une éducation digne de ce nom ? Parents, professeurs même, incarnent-ils encore leur rôle ? J'ai participé, comme tu sais aussi, à plusieurs activités bénévoles, dans plusieurs associations. M'en a-ton remercié, est-on sorti à cette occasion d'une attitude strictement égocentrée et consumériste ? Je t'en laisse juge. Combien me semble vraie la phrase, selon laquelle *il ne faut pas jeter les perles devant les pourceaux* ![37]

Vraiment ce monde mérite-t-il plus que le mépris ? Quels fruits porte-t-il ? Quel sort l'attend ? Je rêve parfois d'un immense incendie. *Car tout arbre qui ne produit pas de bons fruits sera coupé et jeté au feu.*[38]

Allez-vous-en, je prends congé de vous ! Insipides, vous n'avez plus de sel en vous-mêmes, et tout ce que vous méritez, c'est d'être *salés par le feu*[39].

Hélas ! Moi aussi, ai-je encore du sel en moi ? Vois mon état, mon cher ami : *Si le sel perd sa saveur, comment la lui redonnera-t-on ?*[40]

Merci tout de même de tes paroles : elles consolent, pour un temps, une *âme triste jusqu'à la mort.*[41]

À toi, avec grand attachement.

Antoine

Lettre 16

Luc à Antoine

Mon cher ami,

je sens bien que tu es déprimé, et à voir beaucoup de choses en notre époque je comprends qu'on le soit. Ce désintérêt de tout que tu ressens ressemble à cette acédie qui touche les moines retirés de la vie, et aussi, pardonne-moi, certaines vieillesses. Cependant je te trouve excessif dans tes réactions. Tu passes du gouffre paralysant ou annihilant aux imprécations et aux invectives. Il faut, me semble-t-il, garder plus de mesure, éviter cette alternance que je dirai, par métaphore, cyclothymique.

D'abord tu n'es pas honnête, pardon de te le dire, quand tu cites le passage évangélique sur le sel qui perd sa saveur. Tu désespères qu'il la retrouve. Mais tu oublies la suite : *Ayez du sel en vous-mêmes, et soyez en paix les uns avec les autres.*[42] Assurément cette injonction ne décourage pas, bien au contraire. Pourquoi ne pourrais-tu retrouver cet élan que tu as dû, je suppose, avoir dans le passé ? Et aussi, pourquoi t'en prendre ainsi aux autres, et ne pas faire la paix avec eux ?

De toute façon, si tu leur montres ton acrimonie, cela ne fera qu'empirer les choses. S'ils ne reçoivent pas de compréhension de ta part, ils ne t'en montreront pas davantage : *Celui à qui on pardonne peu aime peu.*[43] Songe que dans la vie on récolte toujours ce que l'on sème.

Il m'est même arrivé de penser que l'autre est notre miroir : souris-lui, il te rendra ton sourire. Et si tu apprenais à jeter un œil différent sur ces autres, que tu penses hostiles et sans valeur ? Peut-être, que sais-je, seront-ils changés par le changement de ton regard ? C'est souvent la défiance personnelle qui rend les autres défiants. Songes-y. Ce qui compte, au fond, ce n'est pas ce qui vient à toi, c'est ce qui sort de toi : *Il n'y a rien au dehors de l'homme qui puisse le souiller en entrant en lui. C'est ce qui sort de l'homme qui le souille.*[44]

... J'ai posé ma plume pour réfléchir, et la reprends, non pas vraiment pour t'approuver ou te contredire, mais pour me parler à moi-même, après une grande songerie où notre échange m'a plongé. J'espère que tu m'excuseras, même si tu n'es pas directement en cause, de t'en faire part ici. Aussi bien je cherche toujours en toutes matières à y voir plus clair.

Tu veux mettre le monde à feu et à sang, tu parles d'incendie, pyromane apocalyptique. Je me souviens maintenant qu'un sage d'autrefois, ou que j'ai pu croire toujours tel, a versé aussi dans de telles imprécations : *Je suis venu jeter un feu sur la terre, et qu'ai-je à désirer, s'il est déjà allumé ?*[45] Et à côté de cela, combien de paroles humaines et émouvantes mises dans sa bouche ! A-t-il été lui aussi, pardonne la formule, bipolaire ou cyclothymique ?

Songeant à la posture d'insurrection que tu prends dans ta dernière lettre, je me suis demandé si par exemple on pouvait à la fois apporter la guerre, et la refuser. Dire à la fois, et cela dans le même texte :

Ne pensez pas que je sois venu apporter la paix sur la terre ; je ne suis pas venu apporter la paix, mais l'épée.[46] – et : *Remets ton épée à sa place ; car tous ceux qui prendront l'épée périront par l'épée.*[47]

Cela me laisse bien perplexe. Le fauteur de guerre peut-il être un apôtre de la paix et de la non-violence ? Passer ainsi de telle posture à son total opposé ?

De son message on retient surtout l'injonction de *ne pas résister au méchant*, et de *lui tendre l'autre joue*.[48] Mais on oublie bien souvent que le Jésus qu'on nous dit *doux et humble de cœur*[49] pouvait être parfois, à ce qu'on lit aussi, très violent. Auquel cas il pourrait justifier tes propres emportements.

« Doux Jésus ! » se disait autrefois. On s'en est gargarisé longtemps. Mais était-il doux, celui qui *entra dans le temple et se mit à chasser les marchands*[50] ? Littéralement, pris du zèle pour la Maison sacrée, comme le dit le texte citant lui-même un psaume (*Le zèle de ta Maison me dévore*[51]), il incarnait ainsi objectivement l'attitude des zélotes, partisans de la révolte et de la lutte armée contre les Romains. J'ai même pensé, *horresco referens !*, que cette défense du Temple pourrait être le propre du fanatisme, mot qui vient du latin *fanum*, le temple – même si ce mot n'est devenu péjoratif qu'au fil du temps.

Souviens-toi que j'ai voulu envisager avec toi la question de l'unité de cette parole. Je compte le faire aussi en répondant à un jeune homme, qui récemment m'en a fait la demande, après que tu lui en as donné le conseil. Il me tarde que tu sois, comme je l'espère, revenu à un état plus serein pour en discuter ensemble avec plus d'objectivité.

... Pardonne-moi de continuer ma propre songerie, mais une autre idée me vient à considérer nos échanges, et à propos de cette révolte qui est la tienne contre le monde tel qu'il va. Peut-être aussi faudrait-il penser que nous n'interprétons pas toujours comme il faut telle ou telle parole. Ainsi *il fait lever son soleil sur les méchants et sur les bons, et il fait pleuvoir sur les justes et sur les injustes*[52] peut être interprété dans un sens qui te convient aujourd'hui : tu peux y voir une indifférence totale des événements au mérite de chacun, une ironie du sort nous donnant de la vie une image tragique, et menant à la désespérance. Cela conforterait ton pessimisme, quand tu dis qu'il n'y a aucune proportion entre ce qui nous arrive et ce que nous pensons correspondre à notre valeur. – Mais on pourrait y voir aussi, peut-être si l'on se trouvait à un autre moment et dans un autre état que le tien, la nécessité de mettre une limite salutaire à notre propre pensée : la réussite n'est garantie à personne, nos calculs échouent à la prévoir, et une chance peut être donnée à tous de se relever. On aurait donc dans le premier cas une idée d'insupportable gaspillage (la tienne), et dans le second une idée de surabondance de possibilités, ou de grâce toute-puissante, indépendante du mérite ou du démérite de chacun.

... J'émerge de mes rêves. Resteront de toute façon, des paroles que nous jugeons, à y réfléchir, contradictoires. Le sont-elles vraiment ? La logique ici suffit-elle ? Peut-être alors faut-il se contenter, devant elles, de choisir les plus humaines et les plus encourageantes. Dans l'état où tu te trouves, ce serait là sans doute une bonne option.

Donne-moi vite de tes nouvelles. Avec toute ma profonde sympathie.

Luc

Lettre 17

Daniel V. à Luc T.

Monsieur,

je me permets de m'adresser à vous, comme à un Maître ou un Professeur reconnu par tous : nous avons d'ailleurs une relation qui nous est commune, Monsieur Antoine L., qui dans son désir de réformer le monde, et dans son impatience d'y voir régner enfin la justice, incarne à mes yeux, dans la radicalité de son attente, ce que peut être un humaniste ardent, même s'il s'en défend. Mais on dit que vous n'êtes pas aussi sévère que lui sur ces matières, et c'est lui-même qui m'a conseillé de vous écrire pour m'en éclaircir. Au reste, son humeur sombre ne le dispose pas aux longs épanchements, ni à la patience.

Je suis en recherche et en questionnement. Ma génération n'a rien reçu en héritage, sinon doute et ricanement. Nul testament ne nous est fourni, nul mode d'emploi de la vie. Ni religion, ni idéologie, ni militantisme ne nous sont proposés. Mais comment vivre, sans raison de le faire ? Aussi il m'est venu l'idée de rouvrir le vieux Livre, bien oublié de mes camarades. Pourquoi en effet ne nous a-t-on rien transmis, rien indiqué en matière de sens ? A-t-on cru nous rendre plus heureux ? *Et que sert-il à un homme de gagner le monde entier, s'il perd son âme ?*[53]

Les gens cultivés comme vous peuvent peut-être nous indiquer une voie à suivre, et pourquoi pas la meilleure ? Il faut du temps pour choisir le bon grain, et *arracher l'ivraie*[54]. Sans doute l'avez-vous fait vous-même. Pouvez-vous me faire profiter de votre avance en réflexion ?

Aussi je vous saurais gré de me dire si le christianisme, que vous creusez apparemment depuis bien des années, vous semble un dispositif donateur de sens plus qualifié que tout autre, et s'il y a en lui une novation irréductible, comme beaucoup le prétendent.

Avec tous mes remerciements anticipés, d'un plus jeune à un aîné…

Respectueusement.

Daniel V.

Lettre 18

Luc T. à Daniel V.

Cher Monsieur,

j'ai bien reçu votre lettre et suis assez embarrassé pour y répondre. Vous cherchez un sens à la vie, en quoi je vous comprends parfaitement. À votre citation biblique sur la perte aujourd'hui ou l'oubli de l'âme (plutôt de la *vie*) en répond une autre, d'un sage du siècle dernier : « À quoi sert d'aller sur la lune, si c'est pour s'y suicider ? » Autrement dit, à quoi sert de vivre, si on ne sait pas pourquoi on vit ? Notre civilisation est matérialiste, se suffit de la vie sans s'en poser la question, et d'abord oublieuse de son âme ou de sa vraie vie, elle en vient à la fin à oublier même son oubli. Comme disaient les Anciens : *Et propter vitam, vivendi perdere causas*[55]. Pardonnez cette citation venant d'un vieux professeur, pédante et aussi désobligeante si vous ne connaissez pas le latin. Je vous la traduis : « Et en faveur de la vie, perdre les raisons de vivre ».

Cette question du sens de la vie pourtant, beaucoup de civilisations ne se la posent pas. Dans ce cas, la vie pour elles n'a que des formes, toujours changeantes. Pour l'Orient entier la réponse est l'universelle métamorphose, comme en Inde. Ou l'impermanence générale, comme dans le bouddhisme, qui fait écho au « Tout s'écoule » d'Héraclite. Ou le passage, la transition, comme dans le taoïsme chinois ou dans le *Yi King*, livre des Transformations. Rien n'existe maintenant qui ne soit changé tout à l'heure, et au moins une eau qui court ne se corrompt pas. La sagesse est de suivre cette propension des choses à toujours se modifier, et de récuser totalement la question de leur sens, c'est-à-dire de leur signification autant que de leur direction.

Parfois, vous l'avouerai-je, je songe à m'y ranger, à ne voir dans l'affirmation d'une quelconque orientation du cours des choses (quelle belle expression !), qu'un désir humain, et rien de plus. Fidèle en cela à mon cher Spinoza : la finalité que nous cherchons dans tout ce que nous voyons et vivons ne renvoie qu'à notre désir. Le sens, cher Monsieur, n'est alors qu'un désir de sens, le désir que nous avons de sa présence dans nos vies, pour les justifier et orienter.

Je soupçonne maintenant que vous voilà bien déçu. Vous laisserai-je sur cette sorte de fin de non-recevoir adressée à votre lettre ? Je ne le voudrais pas. Mais je crois qu'il faut en réflexion élargir autant qu'on le peut son horizon. Et aussi, qu'il faut penser contre soi-même, chercher à chaque idée son opposé, pratiquer ce que les anciens sophistes appelaient l'antilogie, le discours contradictoire.

Tenez, en voici un exemple. Quoi de plus stable, de plus rassurant et salvateur qu'un rocher ? Ainsi imagine-t-on Dieu en mode judéo-chrétien, comme le fait le psalmiste : *Seigneur, mon rocher, ma forteresse, mon libérateur !*[56] Mais voyez aussi ce que peut dire celui (Job) qui, dans son désespoir, en vient à n'y pas croire : *La montagne s'écroule et périt, le rocher disparaît de sa place, la pierre est broyée par les eaux, et la terre emportée par leur courant...*[57]

Mettez le « sens » du côté du rocher, auquel on se cramponne pour n'en pas bouger, et voyez qu'on peut douter de son existence, au bénéfice d'une pensée du changement universel. Je vous accorde que dans la seconde citation ce doute sur le sens immuable, remis dans son contexte, est transitoire, mais vous conviendrez qu'il peut toujours nous effleurer. Et c'est la richesse de ce grand Livre qui les contient tous les deux.

L'heure s'avançant, je ne peux répondre à l'essentiel de votre demande, ce que je ferai, je vous le promets, une autre fois. Mais puissent cette introduction, ces prolégomènes, être utiles à ce que vous cherchez.

Cordialement.

Luc T.

Lettre 19

Luc T. à Daniel V.

Cher Monsieur,

je reprends la plume, comme je vous l'ai promis, pour vous répondre enfin plus directement. Succinctement je peux vous dire que la Bible comporte plusieurs strates rédactionnelles très différentes, et peut-être, mais ici je n'engage que moi, très difficilement harmonisables entre elles. Je ne prendrai ici qu'un seul exemple pour illustrer cela. Cependant permettez-moi d'abord de vous faire un aveu, de parler de moi, ce qui n'est pas complaisance ou narcissisme, mais je crois que dire ce qui est vécu est toujours préférable à ce que l'on sait abstraitement et avec distance.

J'ai toujours pensé que nous naissions sur cette terre avec une obligation ou une dette antérieurement contractée, et que dans cette vie nous devons y satisfaire, un peu comme, voyageant en chemin de fer, nous devons pouvoir produire au Contrôleur notre titre de transport, montrer que nous sommes en règle, à défaut de quoi il y aura sanction et amende. – Maintenant, vous connaissez sans doute la parabole évangélique des talents : le Maître, appelons-le aussi le Contrôleur, confie à trois serviteurs trois sommes exprimées en talents, monnaie de l'Antiquité. À son retour il félicite les deux premiers qui on fait fructifier la somme reçue, mais pour le troisième qui a simplement enterré son talent, donc qui n'en a rien fait, il le lui ôte pour le donner aux autres, et le maudit : *Car on donnera à celui qui a, et il sera dans l'abondance, mais à celui qui n'a pas on ôtera même ce qu'il a. Et le serviteur inutile, jetez-le dans les ténèbres du dehors, où il y aura des pleurs et des grincements de dents.*[58] Il y a une variante peu connue de ce passage, qui en évite le Grand Guignol des « pleurs et grincements de dents », mais qui dans sa sobriété coupante est encore plus terrifiante et impliquante pour un moderne : *Quand vous engendrez cela en vous, ceci que vous avez vous sauvera ; s'il vous arrive de n'avoir pas cela en vous, ceci que vous n'avez pas en vous vous tuera.*[59]

Ces textes m'ont toujours personnellement obsédé. Pour moi, le talent à faire fructifier a depuis toujours été l'écriture. *Nulla dies sine linea* – « Aucun jour sans tracer une ligne », telle aurait pu être ma devise. Et j'ai toujours été terrifié à l'idée d'être pris en faute, de ne pas pouvoir produire au Contrôleur mon titre de transport. – Et pourtant, je vous l'avouerai, cher Monsieur, je pense qu'il n'y a pas de Contrôleur, et qu'on ne sera jamais contrôlé. Mais on peut très bien le craindre pendant toute sa vie, même en pensant qu'il n'existe pas...

Je vous sens peut-être surpris. Pourquoi vous raconté-je cela ? Et pourquoi ai-je employé le conditionnel en parlant de ma devise concernant l'écriture ? Tout simplement parce qu'un autre passage de ce qu'on prétend être *Le* Livre réduit à néant tout ce que je viens de vous exposer. Voyez : *Puis, j'ai considéré tous les ouvrages que mes mains avaient faits, et la peine que j'avais prise à les exécuter ; et voici, tout est vanité et poursuite du vent, et il n'y a aucun avantage à tirer de ce qu'on fait sous le soleil.*[60] À quoi sert donc d'écrire des livres, qui sont la mort des arbres ? Sitôt écrivons-nous, qu'une secrète voix peut nous souffler à l'oreille : « Écrivain – écrit vain... »

Ainsi donc, le « même » livre pousse à l'action, et en montre, au moins ponctuellement, la vanité. Il est vrai qu'il est à notre image : nous oscillons constamment entre la confiance et le désir de bien faire, et le découragement du « À quoi bon ? ». Illusion sans doute bénie dans le premier cas, lucidité passablement diabolique dans le second. Tout cela est en nous, et comme je vous l'ai confié je le vis moi-même profondément.

Simplement ne cherchons pas dans un « Livre » apparemment si contradictoire, comme font certains bibliomanciens, des réponses toutes prêtes pour éclairer chaque pas de notre vie. Ce serait trop facile, que de vouloir nous éviter l'essentiel à faire, la réflexion personnelle, l'adaptation de telle ou telle assertion à la situation qui la justifie : c'est un travail toujours recommencé d'accommodation, de mise au point mentale. Nous n'avons là que les pièces d'un dossier, les cartes d'un jeu : à nous de jouer notre partie...

Une autre fois, si je ne vous ennuie ou déstabilise pas trop, je vous donnerai quelques autres fragments du puzzle, quelques autres morceaux de la polyphonie.

Bien à vous.

Luc T.

Lettre 20

Daniel V. à Luc T.

Monsieur,

je vous remercie de la confiance que vous me témoignez en me parlant ainsi de vous. M'attendant à trouver un Professeur, je trouve un homme, et suis très honoré et flatté des confidences que vous me faites. Bien sûr je serais très heureux que vous me donniez d'autres exemples de bariolage ou de ce manteau d'Arlequin qui est pour vous, apparemment, la Bible. Mais comme indiqué dans ma dernière lettre, j'aimerais bien savoir si cette diversité des strates rédactionnelles dont vous parlez dépasse en quelque sorte le seul Livre, et si le christianisme lui-même en tant que construction en ressort fort divers. Il est en effet l'option religieuse la plus proche de moi, sans doute la plus familière, en tout cas vu le monde et l'ambiance où j'ai grandi.

Je ne suis pas très surpris au fond de ce que je pourrais appeler votre scepticisme, et qu'un de mes camarades étudiants, qui a suivi vos cours, Sébastien S., a pu appeler votre nihilisme, dont il a à plusieurs reprises été meurtri. Nous avons souvent parlé de vous ensemble. Peut-être m'amènerez-vous sur votre terrain. Mais peut-être aussi n'est-ce pas votre but. Merci de me dire si je me trompe.

Avec respect.

Daniel V.

Lettre 21

Luc T. à Daniel V.

Cher Monsieur,

loin de moi, vous le pensez bien, l'idée de vous gagner à ma cause. Et d'ailleurs, en ai-je une ? Ce sera à vous d'en juger.

Ainsi vous connaissez Sébastien, mon ancien étudiant, au nom prédestiné, puisqu'apparemment je l'ai percé des flèches de mon doute. Mais le hasard est bien curieux, qui rapproche celui qui cherche, comme vous, et celui qui aurait voulu ne pas avoir à le faire. En fait je crois qu'on ne peut rien à sa propre évolution, qu'on y adhère ou qu'on regrette de devoir l'accomplir.

Maintenant j'espère que vous me pardonnerez le ton professoral que je vais prendre, qui convient mieux à un manuel qu'à une lettre. Pareillement pourrais-je demander pardon à qui, un jour (on ne sait jamais) lirait la correspondance que nous échangeons ici. En réalité on ne se refait pas, le masque de la profession colle au visage, et la vie perd, hélas !, ce que gagne la pensée.

Puisque vous me parlez du christianisme en général, vous savez évidemment qu'il est le frère cadet du judaïsme, puisqu'ils s'abreuvent tous deux à la même source. Au tout début, à côté du judaïsme finalement replié sur le Livre, le judaïsme rabbinique, il y a eu, en parallèle, un judéo-christianisme, ou un christianisme judaïsant. Ils ont cheminé côte à côte durant un certain temps, avant de se séparer. Leur matrice commune fut le Livre, au point que l'on est tout à fait fondé à les faire discuter ensemble. Ce qu'on appelle le Nouveau Testament chrétien dialogue avec la Bible juive, qui l'irrigue et le féconde constamment. Si « contradictions » il y a dans celui-là, elles reflètent celles qu'il y a dans celle-ci.

Mais à côté de cet héritage, il y a un apport tout nouveau, celui de Paul, qui a ouvert la nouvelle foi aux non-juifs : on parle alors de pagano-chrétiens. De formation juive lui-même, Paul a considérablement infléchi le judaïsme dans un sens tout inédit. Par exemple il a transformé le « Serviteur souffrant » d'Isaïe 53, qui n'est pour les juifs qu'une allégorie des épreuves transitoires d'Israël, en Messie crucifié pour le salut des hommes. Ce mythe du sacrifice rédempteur s'est aussi alimenté aux mystères païens de l'époque, où un dieu meurt et ressuscite pour le salut de ses fidèles. Cet apport paulinien a eu une telle importance qu'il constitue pour beaucoup aujourd'hui encore le christianisme majoritaire, axé sur la croix salvatrice et l'événement pascal. Dans mon entourage d'ailleurs figure une amie qui, à mon sens, incarne cette option, puisqu'elle veut aimer à tout prix, jusqu'au sacrifice de soi, et y trouver sa rédemption.

Imaginez-moi dorénavant face à mes étudiants, devant mon tableau noir, dont j'ai souvent la nostalgie, et y écrivant à la craie, dont l'odeur me reste encore, le plan de ce que je vais vous dire, relativement aux strates rédactionnelles des textes chrétiens :

D'abord il y a référence aux prophètes juifs, qui mécontents de leur époque, se répandent en invectives et malédictions, appelant sur elle la vengeance d'un dieu courroucé. C'est de cette strate que vient chez nous l'idée du Jugement dernier, du « Jour de Colère » (*Dies irae*), et la pédagogie de la peur qui nous a été (trop) longtemps inculquée.

Notez que le prophète dont vous portez le prénom, votre saint patron comme on dit en catholicisme, a inspiré aux textes canoniques le thème de la venue du Fils de l'homme en gloire venant juger les hommes, *sur les nuées du ciel*[61]. C'est une vision assez terrifiante – à laquelle sans doute vous n'êtes pour rien, car je ne vous vois pas en prophète de malheur ! Mais c'est aussi le point de départ de notre chère relation commune, Monsieur Antoine L., qui vous a adressé à moi. Il vitupère sur son temps, et voudrait bien remplacer, comme aussi Jonas dans la Bible juive, un dieu qu'il considère trop clément, trop prompt au pardon. Et il est bien vrai qu'à voir l'état de notre époque, cette douloureuse option se comprend, même si on ne l'approuve pas.

À cette strate appartient aussi, indissolublement liée à elle et comme l'envers de la même médaille, l'exigence positive de justice sur la terre, telle qu'on la voit par exemple dans les « Béatitudes ».

Ensuite il y a la strate paulinienne que j'ai mentionnée plus haut, celle de la victime expiatoire sauvant le monde dont elle porte les péchés. Elle a pour elle l'émotion qu'elle suscite toujours, et que confortent tous les prestiges de l'art : voyez par exemple tous les *Agnus Dei*, en peinture et en musique. En outre, elle a l'avantage de transformer, dans la figure de la croix, un échec (une parole qui n'a pas atteint son but) en triomphe : cette euphémisation sauve de l'absurde, et les hommes admettent très difficilement qu'une mort survenue, surtout celle d'un Maître, n'ait servi à rien.

Pareillement, songez que Platon, ne pouvant se consoler de la mort de Socrate, s'est voué, non pas certes à euphémiser sa mort, mais à diffuser sa pensée et ses paroles, quitte à les gauchir éventuellement – mais là-dessus nous ne saurons rien, pas plus que nous ne saurons ce qu'il en fut de l'enseignement de Jésus si nous lisons Paul. – Mais là encore, cette option d'un sacrifice utile se comprend, même si, je le répète, on ne l'approuve pas, comme c'est mon cas.

En resterons-nous là, dites-vous ? Eh bien non. Une troisième strate, la plus intéressante, mais toujours à mon avis, est celle d'un enseignement de sagesse, qui permet de trouver, dans la pure intériorité, une source spirituelle à quoi s'abreuver pour se vivifier : un royaume sans doute autrefois connu, et à restaurer par chacun, en solitude, au fond de soi. Ici il ne s'agit plus de menace, de souffrance expiatrice et rédemptrice, mais de connaissance.

Vous avez sûrement entendu parler des gnostiques, sans peut-être vous y attarder. C'est un tort. « Gnose » veut dire « connaissance », et on a décrété hérétiques ceux qui voulaient s'y appliquer, je ne sais pourquoi. Ou plutôt je ne le sais que trop, car la connaissance peut se trouver et cultiver individuellement, s'exercer sans médiation cléricale, et le pouvoir de toute Institution sur les assujettis s'y trouve détruit. Humain, trop humain : qui a le pouvoir n'est jamais prêt à d'en dessaisir.

Ne trouvez-vous pas singulier à cet égard que le Credo ne parle que de la naissance, de la passion, de la mort et du redressement du Messie, sans dire un mot de son enseignement, du savoir qu'il nous a transmis ? Il y a déjà, comme je viens de le dire, la même absence chez Paul : il ne s'occupe que de ce qu'il a construit à propos de Jésus, et non de ce qu'il a pu dire. Enfin il est significatif que la liturgie de la Parole, à la Messe catholique, n'est que la préface à celle du sacrifice, de l'Eucharistie.

Il est vrai que cet enseignement est mêlé dans les textes canoniques. Il peut voisiner avec des passages de menace, eschatologique ou apocalyptique, qui relèvent de la première strate, la prophétique. Pour moi cependant, la plus intéressante est l'enseignement de sagesse intériorisée. Avons-nous d'ailleurs assez de sages, aujourd'hui, pour nous dispenser d'en ignorer un ?

Vous percevrez bien les trois strates dans le seul passage suivant (je les numérote exprès, et je les mets en évidence sur mon tableau au moyen de ma craie fictive) :

Strate 3 (Sagesse intériorisée) *Les Pharisiens lui ayant demandé quand viendrait le Royaume de Dieu, il leur répondit : « La venue du Royaume de Dieu ne se laisse pas observer, et l'on ne dira pas : 'Voici : il est ici ! Ou bien : il est là !' Car voici que le Royaume de Dieu est au-dedans de vous. »*

Strate 1 (Menace) *Il dit encore aux disciples : « Viendront des jours où vous désirerez voir un seul* *des jours du Fils de l'homme, et vous ne le verrez pas. On vous dira : 'Le voilà !' 'Le voici !' N'y allez pas, n'y courez pas. Comme l'éclair en effet, jaillissant d'un point du ciel, resplendit jusqu'à l'autre, ainsi en sera-t-il du Fils de l'homme lors de son Jour.*

Strate 2 (Sacrifice) *Mais il faut d'abord qu'il souffre beaucoup et qu'il soit rejeté par cette génération.* »[62]

N'est-il pas bien étrange sans doute que ces trois strates soient réunies en un seul passage, comme si on avait là un compendium, un résumé des trois postures essentielles en christianisme ? Chacune d'elle évidemment peut se tenir et s'incarner, comme vous et moi pouvons le voir en regardant les êtres si différents que nous côtoyons. Mais les trois toutes ensemble ? Un ami exégète m'a dit qu'il y avait là simplement une « synthèse molle ». En réalité ce passage me semble un patchwork, un manteau d'Arlequin pour reprendre votre expression. Comme si avait été oublié ce qui est dit ailleurs : *Personne ne coud une pièce de drap neuf à un vieil habit ; autrement, la pièce de drap neuf emporterait une partie du vieux, et la déchirure serait pire.*[63]

Dans mon Midi natal, un proverbe imagé dit : « À force de pétasser, on perd le drap. » À bien des égards, je pourrais dire que beaucoup de passages évangéliques sont également du « rapetassage ».

J'espère, cher Monsieur, que je ne vous choque pas. Loin de moi l'idée de faire polémique. En fait, que les textes soient ainsi sédimentés ne doit pas nous dérouter, en complexifiant notre question. C'est miracle même que venue d'ailleurs peut-être, d'un enseignement souvent oublié mais ô combien intéressant, nous reste ici encore cette essentielle pépite : *le Royaume de Dieu est au-dedans de vous.*[64]

Fin du cours pour aujourd'hui. J'efface le tableau, tout ennuagé des poussières de la craie. Me voici sorti du rôle que j'ai endossé, et que je vous remercie de m'avoir permis, car depuis que j'ai pris ma retraite, fatalité de l'habitude !, j'en garde souvent la nostalgie. – Mais bien sûr je reste à votre disposition pour nouvel échange, si vous le désirez.

Cordialement.

Luc T.

Lettre 22

Daniel V. à Luc T.

Monsieur,

je vous remercie d'avoir consenti à m'écrire une si longue lettre, que je vais lire plusieurs fois, pour mieux m'en imprégner.

Je ne connaissais pas du tout la gnose, sauf le mot lui-même peut-être, et ce que vous m'en dites va me pousser sans doute à vouloir en savoir davantage sur ce mouvement qui a manifestement votre préférence. Oserais-je cependant vous poser une question ? Elle va peut-être vous embarrasser, mais croyez bien que là n'est pas mon intention.

J'ai chez moi une Bible, et j'ai accès à d'autres, soit chez mes compagnons d'étude, soit dans la bibliothèque de mes parents. Eh bien, pour le verset 21 du chapitre 17 de l'évangile de Luc, je n'ai nulle part vu la traduction que vous me proposez : *« Le Royaume de Dieu est au-dedans de vous »*. Je n'ai trouvé que : *« parmi vous »*, ou *« au milieu de vous »*. Pourriez-vous donc m'éclairer sur les raisons de votre propre traduction, et me dire ce que dit exactement le texte initial ?

Par la même occasion, pouvez-vous me dire ce qu'on « gagne » à embrasser en quelque sorte, comme vous le faites, le parti de la gnose ?

Avec à nouveau mes remerciements anticipés.

Respectueusement.

Daniel V.

Lettre 23

Luc T. à Daniel V.

Cher Monsieur,

je vois que vous m'avez déjà lu attentivement, et les questions que vous me posez sont fort pertinentes.

La traduction que j'ai donnée pour Luc 17/21, « *Le Royaume est au-dedans de vous* », est tout à fait fidèle à l'original grec, *entos humôn*, qui d'ailleurs est très bien traduit dans la Vulgate de Jérôme par *intra vos*. S'il s'était agi de dire « parmi vous » (« au milieu de vous », qui figure par exemple dans la Bible de Jérusalem, à mon sens ne veut rien dire), on aurait eu en grec quelque chose comme *par'humîn*, et en latin *inter vos*. Le christianisme orthodoxe interprète d'ailleurs toujours l'expression comme je l'ai fait. Et l'évangile selon Thomas auquel je me suis référé à la fin de ma lettre situe bien en son logion 3 le Royaume *au-dedans de vous* (ou *en vous*, ce qui revient au même). Il y a là une source ou une tradition unique.

L'enjeu est évidemment très important. Soit on garde une pure intériorité de la foi, soit elle se manifeste collectivement, dans un groupe. La question est la même si l'on oppose, pour le début de la prière enseignée par Jésus à ses disciples, l'expression *Notre Père* de Matthieu[65] à la seule expression *Père* de Luc[66]. Dans le premier cas, on ne peut prier qu'en communauté (*Notre*) ; dans le second, on s'adresse au *Père* tout seul, en quelque sorte en tête-à-tête.

Les traductions que vous me donnez font passer une idéologie socialisante avant la philologie. Ou si vous voulez elles participent d'une certaine théologie, et ne sont pas grammaticales. Le groupe, l'assemblée (en grec *ekklèsia*, d'où : Église), doit primer sur l'individu. L'Institution se méfie toujours de l'intériorité purement individuelle. Il s'agit pour elle de guider le troupeau des ouailles ou « petites brebis » : c'est ce qu'elle appelle les nécessités de la « pastorale ». Pour y satisfaire, on n'hésite donc pas à gauchir les textes : le but justifie le moyen.

Pour votre seconde question concernant la gnose, je vous dirai d'abord ma méfiance vis-à-vis de l'opinion commune. On la situe d'habitude au tournant des 1e et 2e siècles. À ce moment la nouvelle venue du Messie, ce qu'on appelle sa parousie, ne s'étant pas produite alors qu'elle était sentie à l'origine comme imminente, on a pu changer la perspective. C'est comme quand on attend le bus, le tramway, le train, etc. : d'abord on reste debout et le « tire » des yeux, en fixant le point où l'on s'attend à le voir paraître. Et puis, comme décidément il ne vient pas, on s'assied, et on l'attend avec plus de patience. De la même façon le Royaume promis, un royaume terrestre à l'origine, en tant que tel n'était pas arrivé. On a pu alors le changer de lieu, et le voir comme un Royaume seulement intérieur. On a des traces de cela dans l'évangile selon Jean, où le Royaume est dit *n'être pas de ce monde*[67].

Mais l'évangile selon Thomas, que je vous ai cité, montre qu'il y a eu très tôt une réception gnostique ou pré-gnostique des paroles du Maître en milieu hellénisé. Il est vrai que les grands systèmes gnostiques n'ont été mis en forme que dans le courant du 2e siècle. Mais l'orientation ou la démarche de pensée gnostique a existé très tôt. Paul lui-même la connaît, même s'il la critique pour lui préférer l'amour : à cette amie paulinienne dont je vous ai déjà parlé et qui m'est très chère j'ai d'ailleurs fait la même remarque. Et d'autre part notez que le grand livre d'Irénée de Lyon *Contre les hérésies* ne parle que de la gnose : elle figure en sous-titre, comme l'hérésie par excellence. C'est là il me semble la preuve de son ancienneté.

Maintenant, pour répondre directement à votre question, je vous dirai que la version gnostique de la construction chrétienne favorise une vision symbolique des choses, au détriment de leur interprétation littérale. Par exemple les récits de miracles, qui font du Maître un thaumaturge, si on les creuse et si on cherche à les connaître en profondeur (la gnose, comme je vous l'ai dit, est connaissance), peuvent révéler un sens secret bien plus intéressant que le sens obvie, qui alimente la crédulité. Ils se situent alors, à mon sens, plus à hauteur d'homme.

Alors le thaumaturge se mue en thérapeute. Et pour ce qui est du miracle pris littéralement, le vrai miracle à mon sens est qu'on puisse encore l'attendre.

Peut-être vous donnerai-je plus tard quelques exemples de ce changement de regard, si l'occasion s'en présente ?

Bien à vous.

Luc T.

Lettre 24

Daniel V. à Luc T.

Monsieur,

merci de vos éclaircissements. Un dernier point seulement, pour le moment peut-être. Vous me donnez du christianisme une vision très diversifiée, hétéroclite, pour ne pas dire contradictoire. Après une longue discussion que j'ai eue avec Sébastien, et comme vous m'avez indiqué le livre d'Irénée de Lyon, nous avons parlé de la notion d'hérésie. Je vois que l'époque actuelle est au durcissement des croyances, repliées sur des dogmes. Nous avons actuellement des exemples effrayants où certains tuent au nom de la vérité religieuse. Que pensez-vous alors de cette notion de déviance, de marginalité de tel ou tel groupe, qui contredit l'unanimisme que l'on pourrait désirer pour éviter les conflits ? Et faut-il dans la vie faire son deuil de la vérité ? Bien sûr, je crois connaître votre réponse. Mais je vous saurais gré de me la confirmer, même de façon succincte.

Avec gratitude.

Daniel V.

Lettre 25

Luc T. à Daniel V.

Cher Monsieur,

une hérésie est simplement un choix, ce qui est le sens premier du mot en grec. Le sens péjoratif de ce mot n'est apparu que lorsqu'on a fixé des dogmes : ils ont été postérieurs au grand foisonnement des choix possibles qui se présentaient aux esprits quand on considère les débuts du christianisme. Les hérésies ne sont donc pas, comme on le croit trop souvent, des déviances par rapport à un dogme établi, puisque celui-ci est postérieur à celles-là. On a voulu « faire le ménage » pour créer ce que vous appelez un « unanimisme ».

Vous m'avez dernièrement, cher Monsieur, imaginé en professeur enseignant devant son tableau noir. Imaginez-moi donc maintenant, si la chose n'est pas trop cocasse, en prédicateur public, par exemple dans l'habit de l'Apôtre, à Corinthe, devant des Grecs incrédules, et du sommet de son estrade. *Il convient qu'il y ait des hérésies*, dirai-je à tous, mais non pas, comme dit l'Apôtre lui-même, *afin qu'on voie ceux d'entre vous qui résistent à cette épreuve*[68] : en vérité, prêcherai-je, il faut qu'il y ait des hérésies pour que vous tous puissiez réfléchir et choisir librement !

Quant au Maître dont on se réclame au fil des siècles, combien je voudrais, à côté de tant de paroles de douceur et de tolérance, qu'il n'ait pas prononcé des phrases comme : *Celui qui n'est pas avec moi est contre moi, et celui qui n'assemble pas avec moi disperse.*[69] Ou encore : *Si quelqu'un ne demeure pas en moi, il est jeté dehors, comme le sarment, et il sèche ; puis on ramasse les sarments, on les jette au feu, et ils brûlent.*[70] Combien il me fait frémir, ce *Et ils brûlent* ! J'y vois l'extirpation par le feu, tous les bûchers dressés, je dirai l'écobuage à venir de toutes les hérésies.

Pour vous donc, cher Monsieur, prenez dans toutes ces paroles ce qui vous semble humainement digne, et laissez le reste. Cherchez-vous la vérité ? Il y en a plusieurs, et la phrase de Pilate : *Qu'est-ce que la vérité ?*[71], n'est pas sans profondeur. Le monolithisme de la pensée mène toujours au fanatisme de l'action.

Non certes que je veuille vous détourner de toute recherche religieuse, ou, mot que je préfère, spirituelle. Mais souvenez-vous de la si belle phrase du préfet romain Symmaque : *Uno itinere non potest perveniri ad tam grande secretum* – On ne peut parvenir à un si grand mystère par une seule voie. Il faut donc en explorer plusieurs.

C'est la grâce que je vous souhaite.

Bien cordialement.

Luc T.

Lettre 26

Christiane à Irène

Ma chérie,

voici que mon grand bonheur s'effiloche peu à peu. Le ciel s'était ouvert pour moi, et maintenant il s'ennuage. Tu sais la relation que j'ai engagée avec mon nouvel et jeune ami Sébastien. J'en attendais le meilleur, mais vient maintenant, non certes le pire, mais le moins bon. Tu sais aussi que nous avons emménagé au lieu que je t'ai dit, pour y abriter ensemble notre amour. Mais la réalité dément petit à petit mon espoir. J'ai l'impression d'un progressif enlisement dans la routine, l'habitude. Mon ami me paraît moins empressé, et j'en souffre. Au début très timide, il a pris je crois de plus en plus d'assurance, et cherche apparemment plus d'autonomie. Et moi qui voulais tout lui donner, et me donner à lui toute !

A-t-on raison de dire que *tout homme est menteur ?*[72]

Je n'ose demander conseil à mon ami Luc T., car je redoute ses admonestations. Mais toi, mon amie chère depuis toujours, toi si raisonnable, peux-tu me dire ce que tu en penses ?

Je t'embrasse.

Christiane.

Lettre 27

Irène à Christiane

Ma chère amie,

je suis sincèrement désolée de ce que tu me dis dans ta dernière lettre, et je voudrais te réconforter, si tant est que je le puisse. Mais rien ne saurait, il me semble, dans une épreuve nous dispenser d'en chercher la cause. N'accuse pas ton jeune ami. C'est de l'homme en général, de l'être humain, et non du sexe masculin, qu'il est question dans la phrase biblique que tu me cites. Les femmes peuvent se tromper, et tromper, autant que les hommes. Notre sexe n'est pas toujours que victime, il peut être bourreau, et aussi bourreau de soi-même.

Il me semble que tu as été bien vite quand tu t'es installée avec ton ami. Il fallait peut-être un apprivoisement plus long. Les vrais liens entre les êtres se créent toujours progressivement. Et puis aussi peut-être as-tu exagéré les rêves que tu t'es faits à son propos. Pour moi, plus raisonnable que toi peut-être, comme tu le dis, je crois davantage aux vertus de l'attente. Et aussi de la modération de ses désirs. La symbiose est rare entre les êtres, surtout quand ils ne sont pas dans la vie au même niveau d'évolution. C'est le cas, me semble-t-il, dans ce que vous vivez. Lui veut sans doute s'émanciper enfin pour la première fois, et toi vivre enfin ce qui t'a manqué dans tes expériences passées. C'est une sorte de chiasme, d'entrecroisement existentiel, très fréquent dans toutes les rencontres que nous faisons. Mais songe que ceux que nous aimons, il faut les laisser évoluer. Peut-être après un certain éloignement nous reviendront-ils...

C'est cette conduite que j'ai essayé de tenir dans ma propre vie : tout désirer donne souffrance, et tout accepter, paix. N'oublie pas que *Dieu nous a appelés à vivre en paix.*[73] Quel beau mot que celui de paix ! Et combien je remercie mes parents de m'avoir nommée ainsi !

Je me doute bien que ce que je te dis ne suffira pas à panser tes blessures, à lever tes déceptions. Aussi je pense que tu devrais, tout amour-propre mis de côté, reprendre contact avec ton ami Luc. Malgré ses défauts d'intellectuel, dont tu m'as parlé, il pourrait je crois t'être de bon conseil.

Affectueusement.

Irène

Lettre 28

Christiane à Luc

Cher Luc,

c'est sur les conseils d'une amie, pleine de sagesse et de modération, que je reviens vers toi. Arrêtons donc nos disputes. Tu as dû apprendre par la rumeur publique que ma relation avec Sébastien n'était pas pour moi si gratifiante que je l'avais espéré au début. Mais aussi, comment accepter d'être seule, sans personne sur qui s'appuyer dans les accidents de la vie, sans épaule où reposer sa tête ? Toi si savant, ce n'est pas à toi que je l'apprendrai : *Quel malheur pour celui qui est seul et qui tombe, sans avoir un autre pour le relever !*[74] Et la suite immédiate, à quoi je ne puis penser sans larmes, en souvenir d'initiales étreintes : *De même, si deux se couchent ensemble, ils ont chaud ; mais celui qui est seul, comment se réchauffera-t-il ?*[75]

Plains-moi, mon cher Luc, j'ai froid toute seule, mon lit est glacé, et je n'ai personne pour m'y réchauffer. *Des profondeurs je crie*[76], mais c'est vers un ciel vide, ou vers un amant qui me délaisse.

Réponds-moi vite, mon ami.

Christiane

Lettre 29

Luc à Christiane

Ma chère Christiane,

évidemment je compatis à ta situation, c'est bien le moins que tu pourrais attendre d'un vrai ami. Mais de chaque situation il faut, je pense, tirer une leçon, qui doit servir non seulement à qui la reçoit, mais aussi à qui la donne. Aussi bien n'ai-je aucun droit à me placer au-dessus de toi.

On cherche toujours dans la vie quelqu'un sur qui s'appuyer, comme tu dis, et au contact duquel on puisse se réchauffer. C'est très humain, et très répandu. Mais je crois qu'il ne faut pas dans la vie réifier l'autre, s'en servir pour compenser ses propres manques. Un être humain, pardonne cette expression triviale, n'est pas un édredon, ou une bouillote. Et ce qu'on n'a pas en soi, qui nous le donnera ? Chercher quelqu'un pour combler une absence, pour fuir par exemple sa propre solitude, revient à l'instrumentaliser. Un grand philosophe l'a dit : Ne traite jamais autrui comme un moyen, mais toujours comme une fin.

Tu te sens seule, me dis-tu, et en souffres. Mais il ne le faut pas. La solitude est dans la vie, non seulement inévitable, et une compagne de la naissance à la mort, mais même une énorme source de richesse, si on sait bien l'habiter. Une Béatitude, peu connue, lui est consacrée : *Heureux êtes-vous, les solitaires et les élus, parce que vous trouverez le Royaume ; comme vous êtes issus de Lui, vous y retournerez.*[77]

Tu appartiens, chère Christiane, à un pays que tu as quitté, ce moment où, enfant, tu t'absorbais dans la contemplation des choses. Souviens-toi. Sans aucun doute tu étais solitaire alors et heureuse, comme tous les enfants à qui il arrive de rêver. Et puis il te semble que tout s'est obscurci, et tu as voulu sans doute retrouver un autre soleil. Mais songe que lorsqu'on a vu le Soleil une fois, même si ensuite les nuages le recouvrent, il est toujours derrière eux, et c'est son souvenir qui nous permet d'avoir un avenir. C'est notre viatique pour toujours.

Aimer vraiment, d'un amour non captatif mais oblatif, c'est veiller sur la solitude de l'autre, la respecter et lui permettre de s'épanouir. Il faut me semble-t-il renoncer à cette idée dans l'amour d'une symbiose ou fusion totale, qui pourtant fascine toujours. On m'a dit que tu as très vite cohabité avec ton ami. Ce n'est pas à mon avis une bonne solution, bien que ce soit vers elle que se tournent la plupart, par irréflexion et soumission à la doxa, l'opinion commune. Il y a là un vrai analphabétisme du cœur. Deux arbres plantés trop près l'un de l'autre se font de l'ombre, et ne poussent pas bien. Il vaut mieux garder distance, pour que chacun puisse rester au contact de ce qu'il a de plus profond. Alors seulement il pourra communiquer vraiment avec l'autre. Seul celui qui sait être seul peut aimer vraiment l'autre, je veux dire sans le chosifier et le dévorer.

Ce qui est mauvais, ma chère amie, ce n'est pas la solitude, c'est l'isolement. Celui-là est catastrophique. Car il est vrai que nous sommes des êtres sociaux, et que nous nous enrichissons les uns au contact des autres. Mais pour nous ouvrir vraiment aux autres, il ne faut pas nous fuir, il faut d'abord que nous nous soyons retrouvés nous-mêmes.

Je te supplie de ne pas me prendre comme un donneur de leçons, car je sais trop combien d'ascèse il faut pour parvenir à ce que je te dis, et à moi-même aussi il arrive de rêver de l'amour de la façon qui est la tienne, celle d'éros, et non d'agapè. Je sais moi aussi combien les rêves, les projections, sont fascinants. Ils éblouissent. Et même, si malheureusement ensuite ils peuvent s'évanouir, on s'y épanouit dans l'instant, et au bout du compte peut-on s'en passer complètement ? Un pincement au cœur peut nous saisir, quand on s'aperçoit que l'être auprès duquel on vit depuis longtemps, qu'on aime d'un amour profond, on n'en est plus amoureux. Si grand est notre ennemi de toujours : le Temps qui passe !

Comment se préserver alors ? Il me semble que je t'ai dit il y a quelques mois les mêmes choses qu'aujourd'hui, ou des choses analogues, quand nous avons parlé des dangers inhérents au don total de soi, pouvant aller jusqu'au sacrifice de soi. Il ne faut pas m'en vouloir de me répéter. Tu portes un bien beau prénom, ma Christiane, mais n'y vois pas le destin d'une crucifiée !

En fait, crois bien que cet amour passionnel que tu vis, je l'ai vécu aussi en son temps. Je ne suis pas sûr même de ne pas risquer de le revivre à nouveau, et je ne sais si je ne pourrais encore être complètement détruit par tel beau visage subitement entrevu, au détour d'une rue ou d'un quelconque chemin, en un seul et sidérant éclair. Il est des visages dont la perfection laisse en héritage le mal qu'ils nous font. À voir Jupiter, Sémélé fut détruite, et aussi Actéon qui vit Artémis. Comme le papillon se précipitant dans la flamme qui le fascine et y perdant la vie, on meurt dans ces moments de sidération – aussi tout simplement peut-être parce qu'on sent bien qu'on est condamné à leur survivre, et qu'on ne sera plus jamais à leur niveau. Il en est du contact de la Beauté comme de celui de Dieu. Tous deux également réduisent en cendres : *Nul ne peut me voir et vivre.*[78]

Crois-moi : je n'ai rien de plus que toi. Funambule dans ma vie, c'est miracle que je ne tombe pas à chaque instant, au hasard de telle ou telle imprévue rencontre. Et je pense souvent au sort de toute marche, qui n'est qu'une suite de déséquilibres compensés. On ne le sait pas assez : la chute nous guette dans toutes nos vies, même dans les plus rangées.

– Mais tout de même, toi et moi, même s'il nous arrive d'être dans le noir, efforçons-nous de chercher en nous-mêmes l'essentiel, ce Soleil connu au moins dans l'Enfance dont je t'ai parlé, car nous sommes *fils de la Lumière.*[79]

Aussi bien, je t'en prie encore : ne me crois pas supérieur à toi. Car combien j'aimerais que soit constant pour moi aussi ce sort à quoi me promet mon prénom : fils de Lux !

Avec toute mon affection.

Luc

Lettre 30

Luc à Antoine

Cher Antoine,

cela fait bien longtemps que je n'ai eu de tes nouvelles, et peut-être, outre la retraite que tu as prise, t'es-tu en plus retiré au désert, comme t'y dispose peut-être, dans la tradition chrétienne, ton prénom ! J'ai engagé pour ma part une conversation épistolaire avec Daniel V., que tu connais et que tu m'as adressé, sur la polyphonie de la Bible. Il me semble très sympathique, je me suis laissé aller avec lui à quelques confidences et aveux personnels, et c'est peut-être un fils que j'aurais aimé avoir... Je crois tout de même qu'il ne s'est pas senti en danger avec moi, incarnant le destin célèbre qu'aurait pu lui promettre son nom, d'être *jeté dans la fosse aux lions*[80] !

Ne prends pas mal ces plaisanteries, que j'arrête maintenant, pensant aux chagrins dont tu m'avais fait part.

Tu m'as parlé de l'inappétence qui te frappe, au point de ne plus pouvoir désirer, je crois, le désir lui-même. Je connais bien cette crise : elle se produit d'habitude au mitan de la vie, lorsqu'on a tout ce que l'on a voulu, ou cru vouloir, et que rien de tout cela ne satisfait. C'est très justement que tu as évoqué, à cette occasion, le « Démon de midi » des Psaumes. Une personnalité qui se croyait jusque là solide peut être complètement détruite à partir de ce moment.

Eh bien, je pense qu'il y a un moyen pour conjurer cette *crise*, au sens grec du mot : ce jugement. L'être qu'on a été jusque là était-il véritable, substantiel ? Ou bien au contraire factice, *hypocrite*, là aussi au sens grec du mot : acteur de théâtre ? c'est là l'incrimination du jugement, qui nous met enfin face à nous-mêmes, au milieu de notre vie.

Alors il faut remonter à ce que l'on a en soi de véridique, d'authentique. Et est-il un autre être dans ce cas, que l'enfant que l'on a été ? Il faut donc, dans la deuxième moitié de la vie, compenser les blessures qu'on s'est infligées tout au long de l'ascension sociale par le retour à l'Enfance primordiale. Car on ne retombe pas en enfance, on y remonte. C'est une régression non pas subie mais volontaire : un retour spirituel à l'Origine. Comme celui du saumon remontant vers le lieu de sa naissance.

Ne m'objecte pas l'irréalité de la chose. Crois-moi, elle est très faisable. Qu'apprend-on en effet des enfants ? La distance, la relativisation, l'insouciance et le jeu. Prenons modèle sur eux. *En vérité, je vous le déclare, si vous ne changez d'état d'esprit et ne devenez comme les enfants, non, vous n'entrerez pas dans le Royaume des cieux.*[81]

Apprends donc la distance. Elle peut et doit devenir pour toi un mode d'être. Tu n'aimes pas le monde où tu te trouves, et moi non plus très souvent. Il te déçoit et t'irrite. Tu t'emportes contre lui. Mais il existe une autre voie que celle que tu suis. C'est une voie pour en sortir, ou pour mieux dire y vivre en faisant comme si on n'y vivait pas. Voici donc ce que j'emprunte à une voix que du reste je n'aime pas excessivement, mais il y a des pépites partout : *Désormais que ceux qui ont une femme soient comme s'ils n'en avaient pas, ceux qui pleurent comme s'ils ne pleuraient pas, ceux qui se réjouissent comme s'ils ne se réjouissaient pas, ceux qui achètent comme s'ils ne possédaient pas, et ceux qui usent du monde comme s'ils n'en usaient réellement pas, car la figure de ce monde passe.*[82]

Là est la sagesse, il me semble : non pas se retirer du monde tel un ermite, mais y vivre avec distance, sans s'y attacher. C'est la leçon de toutes les sagesses et de toutes les spiritualités du monde. C'est l'agir sans agir, le *wou-wei* du taoïsme. N'agissant pas, il n'y a rien que le sage ne puisse faire. – Comprends-moi ici : ce qui est refusé n'est pas l'action elle-même, mais l'attachement aux fruits de l'action. Il faut une disposition distanciée, que le bouddhisme zen quant à lui appelle *mushotoku*. Pense ici à l'insouciance naturelle des enfants, et vois la vie comme ils la voient : comme un jeu, une activité finalement plus esthétique que sérieuse, définalisée.

Songe aussi à la leçon de la *Bhâgavat Gita* : À Arjuna tenté par désillusion de déposer les armes, Krishna répond qu'il doit combattre, mais sans se préoccuper du résultat. Agis donc, mais comme si agir servait à quelque chose. Travaille, comme si travailler servait à quelque chose, etc. Bref : *Use du monde comme n'en usant pas*. C'est une philosophie du *Comme si*, de l'*Als Ob*, comme disent les Allemands. Elle implique un lâcher-prise généralisé, puisque tout autant : *Qui de vous, par ses inquiétudes, peut ajouter une coudée à la durée de sa vie ?*[83]

Je prévois ici une objection de ta part, et je la préviens. Il est vrai que cet abandon que j'évoque cadre mal, en christianisme, avec l'invitation faite à l'homme, dans la Bible juive, d'agir pour *dominer et soumettre la terre*[84]. Pas plus que les *lys des champs et les oiseaux du ciel*[85], dans leur insouciance préfranciscaine, ainsi que Marie la contemplative préférée à Marthe l'active et détenant ainsi *la meilleure part*[86], ne cadrent avec le début activiste et interventionniste de la Genèse. – Mais nous savons, toi et moi, que ce Livre est bien multiple et divers. Et peut-être faut-il, enfin, entre l'éloge habituel de l'action et sa relativisation, oser choisir !

Vois, cher Antoine, combien sont éphémères les choses auxquelles les hommes attachent de l'importance ! À qui est obnubilé par le souvenir qu'il laissera de lui, et qui croit agir pour le préserver, je répondrai ce proverbe tiré d'un *Almanach du marin breton* : « Plonge ton doigt dans l'eau de l'océan, et regarde le trou ! »

Il est bien vrai, comme le dit Paul, qu'elle passe, la figure de ce monde. Sans aller chercher bien loin, vois la brièveté de vie des nouvelles dans les mass-médias, ou celle de l'éphémère *buzz* sur Internet. Bien sûr nous n'attendons rien de nouveau, et ne disons pas comme l'Apôtre que le temps des calamités présentes va bientôt prendre fin. Mais nous lui emprunterons, comme devise générale de vie, et pour une fois en la décontextualisant, son idée de distance dans l'action. Faisons comme si (nous ne faisions pas)... – ou comme il le dit dans le texte grec : *ôs mè*...

À ce prix nous connaîtrons la paix, qui est, plus que toute discussion, la meilleure chose que nous puissions nous souhaiter. Je viens d'en avoir confirmation, par une émouvante lettre que j'ai reçue, venant d'une croyante sincère au prénom prédestiné, hésychaste ou quiétiste sans le savoir, mettant la paix au-dessus de tout.

Ton ami fidèle.

Luc

Lettre 31

Irène P. à Luc

Monsieur,

mon amie Christiane médite encore la dernière lettre que vous lui avez envoyée, et pour l'instant je vous écris à sa place. J'espère qu'elle émergera de son mal-être actuel, et que sa relation amoureuse ne la fera plus souffrir. Personnellement je pense qu'il faut ne jamais se hâter dans la vie, et y regarder à deux fois avant de trancher ce qu'on peut dénouer.

Je sais que vous savez beaucoup de choses. Pour moi, je suis croyante, simplement. Je ne m'embarrasse pas des contradictions que je peux lire çà et là, car la vie elle-même est contradictoire. Il me suffit d'y chercher les moyens de vivre en repos avec les autres. La vie est déjà assez dure, et essayer d'alléger tous les fardeaux me semble la seule chose qui doive compter : *Venez à moi, vous tous qui êtes fatigués et chargés, et je vous donnerai du repos.*[87]

Vous voyez, je n'ai pas votre savoir. J'ai pourtant emprunté à mon amie un livre que vous lui avez donné. C'est un ouvrage que vous avez écrit, inspiré par un texte que je ne connaissais pas. Et j'y ai bien vu que si pour certains croyants *la foi peut soulever les montagnes*[88], pour d'autres ce peut être la paix octroyée qui le permet mieux : *Si deux font la paix l'un avec l'autre dans cette même maison, ils diront à la montagne : 'Éloigne-toi', et elle s'éloignera.*[89]

Merci donc de m'avoir indirectement donné accès à cette parole nouvelle et précisante, qui empêchera que ma foi soit aveugle, comme celle du charbonnier.

Je souhaite donc à tous mes amis, proches et lointains, et bien sûr aussi à vous-même, cette miraculeuse paix.

Irène P.

Du même auteur
chez le même éditeur (www.BoD.fr)

Fictions – Libres lectures bibliques – 2 tomes
(2022)

Ces livres proposent des libres lectures de passages bibliques. Elles servent parfois l'intention du texte initial, mais parfois aussi en problématisent le contenu, quand il n'a plus semblé admissible pour un esprit indépendant. L'appel constant à la sensibilité, propre à la littérature, permet de corriger ce que l'exégèse et la théologie traditionnelles peuvent avoir de dogmatique.

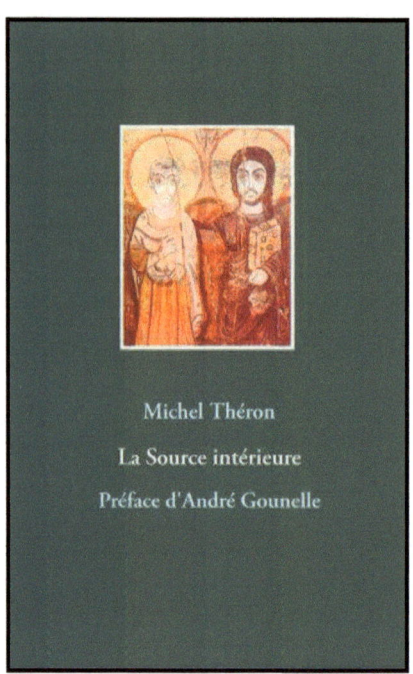

La Source intérieure (2018)

« La source ne se trouve pas ailleurs mais en nous. Le pèlerin de l'intériorité vit la religion comme lecture de soi et recueillement en soi, et non comme asservissement ou sujétion à une communauté ou à des autorités. Il chemine, cherchant inlassablement à travers les mots la parole, source de vie ou vie à sa source...
Ce livre m'a charmé et enrichi, il a stimulé ma réflexion et ma méditation. Le souci de la beauté l'anime autant que celui de la vérité. Je suis sensible à son étonnant mélange de sérieux et d'humour, de profondeur et de jeu, de bienveillance et de polémique. Je lui en ai une très grande reconnaissance, une reconnaissance que, je le pense et l'espère, éprouveront tous les lecteurs de ces pages d'une qualité exceptionnelle. »

André Gounelle

Théologie buissonnière – 2 tomes (2018)

« Michel Théron nous offre une agréable et instructive promenade parmi plusieurs notions fondamentales de culture religieuse. Il a choisi pour les deux tomes de cet ouvrage environ 80 mots, rangés en ordre alphabétique, qu'il commente avec la gourmandise d'un fin lettré et une tendresse amusée pour les étrangetés du religieux mais aussi attentive à ses profondeurs... Malicieux, méditatif, réfléchi, bien informé et non conformiste, ce livre nous sort de nos routines, nous aide à penser sans jamais rien nous imposer... Cette promenade peut très vite déboucher, si on le désire, sur une exploration élargie et approfondie. Ce n'est pas un des moindres mérites de cet ouvrage que d'inciter à aller ailleurs et plus loin ; on sent ici tout l'art pédagogique du professeur incitateur ou éveilleur et non doctrinaire qu'a été Michel Théron. »

André Gounelle

Références

[1] Évangile selon Jean 14/2.
[2] Évangile selon Marc 13/12.
[3] Daniel 9/27 ; 12/10 – Évangile selon Marc 13/14.
[4] Daniel 12/1 – Évangile selon Marc 13, 19.
[5] Isaïe 13/10 ; 34/4 – Évangile selon Marc 13, 24-35.
[6] Daniel 7/13 – Évangile selon Marc, 13/26-27.
[7] Ecclésiaste ou Qohèlèt 3/1 ; 3/4.
[8] Évangile selon Jean 16/33.
[9] Jérémie 25/31.
[10] Évangile selon Jean 5/24.
[11] Isaïe 29/14 – Première épître aux Corinthiens 1/10.
[12] Première épître de Jean 4/8 ; 4/16.
[13] Évangile selon Jean 15/13.
[14] Osée 6/6 – Évangile selon Matthieu 12/7.
[15] Epître aux Ephésiens 5/2.
[16] Évangile selon Matthieu 6/3.
[17] Lévitique 19/18 – Évangile selon Matthieu 19/19 et 22/39 ; Évangile selon Marc 12/31 ; Évangile selon Luc 10/27.
[18] Cantique des Cantiques 2/10.
[19] Genèse 12/1.
[20] Première épître aux Corinthiens 13/8.
[21] Évangile selon Thomas 84.
[22] Première épître de Jean 4/10.
[23] Évangile selon Matthieu 20/28 ; Évangile selon Marc 10/45 ; Première épître à Timothée 2/6.
[24] Cantique des Cantiques 8/6.
[25] Première épître aux Corinthiens 13/8.
[26] Première épître aux Corinthiens 13/7.
[27] Proverbes 22/8.
[28] Évangile selon Matthieu 18/7.
[29] Évangile selon Matthieu 12/31.
[30] Évangile selon Jean 12/24.
[31] Évangile selon Jean 3/8.
[32] Évangile selon Marc 9/24.
[33] Évangile selon Matthieu 18/6.

[34] Ecclésiaste ou Qohèlèt 10/16.
[35] Psaume 91/6.
[36] Psaume 119/28.
[37] Évangile selon Matthieu 7/6.
[38] Évangile selon Matthieu 7/19 ; Évangile selon Luc 3/9.
[39] Évangile selon Marc 9/49.
[40] Évangile selon Matthieu 5/13 ; Évangile selon Marc 9/50 ; Évangile selon Luc 14/34.
[41] Évangile selon Matthieu 26/38 ; Évangile selon Marc 14/34.
[42] Évangile selon Marc 9/50 [51].
[43] Évangile selon Luc 7/47.
[44] Évangile selon Marc 7/15.
[45] Évangile selon Luc 12/49.
[46] Évangile selon Matthieu 10/34
[47] Évangile selon Matthieu 26/52.
[48] Évangile selon Matthieu 5/39 ; Évangile selon Luc 6/29.
[49] Évangile selon Matthieu 11/29.
[50] Évangile selon Luc 19/45 ; cf. Évangile selon Matthieu 21/12-13 ; Évangile selon Marc 11/15-17 ; Évangile selon Jean 2/13-16.
[51] Psaume 69/9 (69-10) – Évangile selon Jean 2/17.
[52] Évangile selon Matthieu 5/45.
[53] Évangile selon Marc 8/36.
[54] Évangile selon Matthieu 13/40.
[55] Juvénal, *Satires*, VIII, 20.
[56] Psaume 18/2 [18/3].
[57] Job 14/18-19.
[58] Évangile selon Matthieu 25/29-30.
[59] Évangile selon Thomas 70.
[60] Ecclésiaste ou Qohèlèt 2/11
[61] Daniel 7/13 – Évangile selon Matthieu 24/30 et 26/64 ; Évangile selon Marc 14/62.
[62] Évangile selon Luc 17/20-25.
[63] Évangile selon Marc 2/21 ; Évangile selon Matthieu 9/16.
[64] Évangile selon Luc 17/21 ; Évangile selon Thomas, 3.
[65] Évangile selon Matthieu 6/9.
[66] Évangile selon Luc 11/2.

[67] Évangile selon Jean 18/36.
[68] Première épître aux Corinthiens 11/19.
[69] Évangile selon Matthieu 12/30 ; Évangile selon Luc 11/23.
[70] Évangile selon Jean 15/6.
[71] Évangile selon Jean 18/38.
[72] Psaume 116/11.
[73] Première épître aux Corinthiens 7/15.
[74] Ecclésiaste ou Qohèlèt 4/10.
[75] Ecclésiaste ou Qohèlèt 4/11.
[76] Psaume 130/1.
[77] Évangile selon Thomas, 49.
[78] Exode 33/20.
[79] Évangile selon Thomas 50.
[80] Daniel 6/16 (6/17).
[81] Évangile selon Matthieu 18/3 ; Évangile selon Marc 10/14 ; Évangile selon Luc 18/16.
[82] Première épître aux Corinthiens 7/ 29-31.
[83] Évangile selon Matthieu 6/27 ; Évangile selon Luc 12/25.
[84] Genèse 1/28.
[85] Évangile selon Matthieu 6/26-28.
[86] Évangile selon Luc 10/42.
[87] Évangile selon Matthieu 11/ 28.
[88] Évangile selon Matthieu 17/20 ; cf. Évangile selon Luc 17/6.
[89] Évangile selon Thomas 48.